Hen Lyfr Bach

Carolau Haf Huw Morys a'i Gyfoeswyr

Golygwyd gan
Eurig Salisbury

2023

Argraffiad cyntaf – 2023

Rhif llyfr cydwladol (ISBN) 978-1-9989906-8-9

Cydnabyddir yn ddiolchgar gymorth
Cyngor Llyfrau Cymru tuag at gyhoeddi'r gyfrol hon.

Cynllunio gan Nereus, Tanyfron, 105 Stryd Fawr,
Y Bala, Gwynedd, LL23 7AE
e-bost : dylannereus@btinternet.com

Cyhoeddwyd gan Dalen Newydd,
3 Trem y Fenai, Bangor, Gwynedd, LL57 2HF
siop ar-lein : dalennewydd.cymru

Argraffwyd a rhwymwyd
gan Argraffwyr Cambrian, Cymru

Cynnwys

	Cyflwyniad		1
1.	Gwŷr, gwragedd mwyn tirion (1625)	*Siôn ab Ifan Grythor*	11
2.	Deffrowch, foneddigion	*Siôn ab Ifan Grythor*	15
3.	Bonyddigion a chyffredin (1645)	*Wmffre Dafydd ab Ifan*	19
4.	Yr hwsmyn, weithian codwch (1667)	*Edward Rowland*	23
5.	Y duwol deulu llawen	*Huw Morys*	27
6.	Y duwiol deulu diddan	*Huw Morys*	29
7.	Y teulu â'r teilwng fowyd	*Huw Morys*	31
8.	Y gŵr a gâr lawenydd (1682)	*Huw Morys*	33
9.	Drwy'r annedd, bawb, dihunwch! (1684)	*anhysbys*	35
10.	Y teulu â'r teilwng drigfa (1684)	*Huw Morys*	38
11.	Ffarwél i'r gaeaf nychlyd (1691)	*Siôn Dafydd Laes*	40
12.	Y gwrda pêr laferydd	*Huw Morys*	43
13.	Y teulu teilwng grasol	*Huw Morys*	46
14.	Y duwiol deulu mwynion	*Huw Morys*	48
	Nodiadau		51
	Llyfryddiaeth Fer		71
	Rhestr o Destunau Eraill		73
	Geirfa		76

Cyflwyniad

Un o ogoniannau llenyddol yr ail ganrif ar bymtheg yw'r garol haf. Yn y ganrif honno y daw'r math hwnnw o gerdd i'r golwg am y tro cyntaf yn y cofnod llawysgrifol ac, er bod dathlu dyfodiad yr haf yn hen, hen arfer, nid oes dim i awgrymu bod y garol haf yn llawer hŷn na'r ail ganrif ar bymtheg. Cenid cerddi i'r haf yn yr Oesoedd Canol, ond y mae'r garol haf yn greadigaeth wahanol iawn, dyweder, i gywyddau mawl Dafydd ap Gwilym i fis Mai a'r haf. Yn un peth, fe'i cenid yn nrysau tai o bob math, nid yn neuadd yr uchelwr. Nid gyda'r nos ychwaith, ond gyda'r wawr ar fore'r cyntaf o Fai, ac ar fesurau gwerinol sydd, er hynny, lawn mor gywrain â rhai o fesurau mwy swyddogol y gyfundrefn farddol. Er bod lle i gredu i gerddi gael eu canu yn y drws cyn 1600, yn ystod y gaeaf yn unig y digwyddai hynny, i bob golwg, ac mae'n ddigon posibl fod y canu yn y drws ar galan Mai'n ddatblygiad newydd y dylid ei briodoli i fentergarwch beirdd y Cyfnod Modern Cynnar.

Dathlu'r haf yw'r nod, diolch i Dduw am fendithion y tymor a bendithio trigolion y tŷ. Canu syml yw'r canu haf, fel rheol, ond nid yw lawn mor syml â'r disgwyl. Er mai cerddi i'w canu yn y drws yw'r carolau haf, maent yn llawer mwy bwriadol lenyddol na chanu defodol y Fari Lwyd a mathau eraill o ganu yn y drws sy'n enwocach heddiw, ond mewn gwirionedd yn perthyn i gyfnod diweddarach o lawer. Y peth hyfrytaf amdanynt yw'r ymdeimlad o ddathlu llawen. Y neges eglur yw: nawr, lanciau, rhoddwn glod! Nid y gwanwyn sydd wedi dod, fodd bynnag – bwgan cynddrwg â'r gaeaf yw'r tymor hwnnw i'r carolwyr haf – ond yr haf yn ei holl wychder. Caiff y beirdd fodd i fyw'n rhaffu disgrifiadau byw ac afieithus, o fyd natur wrth reswm, ond o fyd amaeth hefyd. Yn eu mynych sôn am ŵyn a gwartheg a chnydau, mae'r carolau haf yn un o'r ychydig ffurfiau llenyddol lle dethlir byd amaeth er ei fwyn ei hun, a siawns na chafwyd cystal canu yn ei gylch nes cyhoeddi awdlau Dic Jones, 'Cynhaeaf' a 'Gwanwyn'. Darllenwch yr awdlau a'r caneuon ochr yn ochr – yr un, fe welir, yw geirfa'r carolwyr haf a bardd yr Hendre.

Dylid nodi bod y math hwn o ganu'n llawer hŷn yng Nghymru nag yn Lloegr. Er honni weithiau fod carolau haf yn cydredeg yn y ddwy iaith, nid ymddengys fod ar glawr yr un garol haf Saesneg yn y drws cyn y bedwaredd ganrif ar bymtheg, a dylid gofyn o ddifri ai o dan ddylanwad oes aur y *genre* yn Gymraeg yn y ddeunawfed ganrif y daeth i fod o gwbl yn Lloegr. Mae ar glawr dros drigain o enghreifftiau o'r ganrif honno, ac fe haeddant eu cynnull mewn cyfrol arall. Y carolau haf cynharaf a gynullwyd yn y gyfrol hon, detholiad o'r 35 o gerddi a berthyn i'r ail ganrif ar bymtheg, yn cynnwys wyth gan fardd mwyaf yr oes, Huw Morys (1622–1709) o Bontymeibion yn Nyffryn Ceiriog.

Fel holl feirdd Cymraeg yr ail ganrif ar bymtheg ac eithrio'r Ficer Prichard a Morgan Llwyd, esgeuluswyd gwaith Huw Morys bron yn llwyr yn y cyfnod modern. I ddarllen rhai ohonynt mewn print, rhaid troi naill ai at gasgliad bychan o 48 o gerddi yng *Nghyfres y Fil* O.M. Edwards (1902) neu'n ôl ymhellach fyth at *Eos Ceiriog*, casgliad o dros ddau gant o gerddi a ddygwyd ynghyd gan Wallter Mechain yn 1823. Gobeithir y bydd y gyfrol hon, er mor fychan ydyw, yn fodd i agor y maes, a hynny ddwy ganrif union ar ôl cyhoeddi *Eos Ceiriog*, a blwyddyn yn hwyr i bedwar canfed pen blwydd Huw.

Gellir priodoli i Huw ddeunaw o garolau haf, nifer fwy na'r holl garolwyr haf eraill gyda'i gilydd. Nid yw ei enw gyda'r cerddi yn y llawysgrifau bob tro, ond gellir adnabod ei ddull yn hawdd. Saith neu wyth pennill sydd ganddo bob tro, ynghyd â byrdwn, nifer lai na phob un o'i gyfoeswyr ac eithrio John Rogers. Cyferchir trigolion y tŷ'n gyntaf gyda'r fformiwla 'bannod' + 'teulu' neu 'gŵr', yna disgrifir y newid mawr tymhorol sydd ar droed. Un neu ddau bennill wedyn lle cwynir am gyflwr y byd, cyn annog pawb i roi eu ffydd yn Nuw. Nesaf, cyfarch y meibion ac weithiau'r merched, cyn bendithio gŵr a gwraig y tŷ yn y pennill olaf, a'r brenin ac Eglwys Loegr yn y byrdwn. Gwelir llawer o'r un elfennau gan feirdd eraill, ond nid byth yn y drefn gyson honno ac, yn wahanol i'r lleill, ni fydrydda Huw'r flwyddyn yn ei gerddi, efallai am iddo fwriadu i rai ohonynt gael eu hailddefnyddio. Ceir hefyd rai ymadroddion a chyfuniadau geiriol sy'n codi dro ar ôl tro yn ei waith ef yn unig, nid yn lleiaf *wlith Hermon*, baner Duw a'r brenin ac anogaeth i wisgo [b]*uchedd newydd* ar lun y coed a'r blodau.

Ni ellir dweud fod yr un o'r beirdd eraill yn canu carolau haf yn rheolaidd, flwyddyn ar ôl blwyddyn. Mae'n eglur fod llawer o alw am wasanaeth Huw ar galan Mai, ac nid oes syndod fod ei garolau haf wedi eu canu ar batrwm rheolaidd. Roedd hynny'n siwtio'r gynulleidfa hefyd, mae'n siŵr, yn arbennig y rheini oedd yn gyfoeswyr agos iddo ac wedi byw drwy ddinistr ac ansefydlogrwydd y Rhyfeloedd

Cartref. Hawdd credu y rhoddai dull cyfarwydd Huw o ganu, fel sicrwydd y cylch tymhorol a ddethlir, gysur i lawer a brisiai heddwch, sefydlogrwydd ac addewid am amser gwell i ddod.

Fel gyda llawer dull arall ar ganu, chwaraeodd Huw ran allweddol yn y gwaith o boblogeiddio'r garol haf, ond ceir enghreifftiau nodedig wrth enwau beirdd eraill hefyd. Dewiswyd yma garolau haf sy'n ddifyr i'w darllen ac yn gymharol hawdd i'w golygu! Gyrrwyd ar eu pen i'r gorlan ddwy gerdd y cymeriad hoffus Siôn ab Ifan Grythor (rhifau 1 a 2) ac, er gwaethaf eu problemau testunol, gerdd ddirdynnol a ganodd Wmffre Dafydd ab Ifan yn nannedd y Rhyfeloedd Cartref (rhif 3) a cherdd ddienw lle disgrifir y rhew mawr a fu yn Llundain yng ngaeaf 1683/4 (rhif 9). Caewyd y giât, fodd bynnag, ar gerdd hirfaith gan Siôn Sgrifen (1675), ar gerdd drom bregethwrol gan Thomas Rowland (1687) ac ar ddwy gerdd frud, y naill gan Wiliam Dafydd (1686) a'r llall gan Oliver Rogers (1692). Er bod y ddwy gerdd frud yn adlewyrchu'n ddifyr ddiddordeb dwys yr oes mewn proffwydo, maent hefyd, ysywaeth, fel cors o ddyrys. Wedi dweud hynny, mae pob un o'r gwrthodedigion hyn ac eraill yn galw am gael eu golygu a'u hastudio ac, i'r diben hwnnw, rhoddwyd yng nghefn y gyfrol restr gyflawn o'r testunau a'u ffynonellau yn y gobaith y daw eraill i ymwroli lle ildiais innau.

Gosodwyd y cerddi mewn trefn gronolegol fras. Gan mai teitlau cyffredinol a welir yn y llawysgrifau – 'carol haf' ac weithau 'carol Clame' – defnyddiwyd yma eiriau cyntaf y cerddi. Canwyd rhifau 1 a 2 ar fesur y tri thrawiad, a phob un arall ar eu hôl ar fesur newydd y garol haf, sy'n unigryw i'r *genre* hwn. Yr un patrwm sydd yn y ddau fesur, yn y bôn, sef penillion pedair llinell gydag un rhagodl deirgwaith bob dwy linell a phrifodl ar ddiwedd yr ail a'r bedwaredd linell, fel yn y pennill hwn ar fesur y garol haf:

> Y duwol deulu llaw<u>en</u>, deffrowch i wrando ar f'aw<u>en</u>!
> Wrth edrech ar ddaear<u>en</u>, lwys donnen las ei **dail**,
> Arwyddion da sy'n dang<u>os</u> fod howddgar haf yn ag<u>os</u>:
> Mi glowes er ys wythn<u>os</u> lais eos, loyw **sail**.

Yr unig wahaniaeth amlwg rhyngddynt yw'r ffaith fod gan y cerddi ar fesur y garol haf fyrdwn, sef cytgan, a genid bob dau bennill. Mae'r cynganeddion, fel y clywir yn eglur ddigon yn llinell olaf y dyfyniad, yn frith drwy'r cyfan, a gorau po gyntaf y rhoir y gorau i alw'r math hwn o farddoni'n ganu rhydd (cynganeddol neu beidio) a'i alw, yn hytrach, fel y gwnaeth Thomas Parry, yn ganu caeth newydd.

Gair cyn cloi am fater y cyffyrddwyd ag ef ar y dechrau, sef y cyswllt rhwng y math hwn o ganu a'r hyn a ddaeth o'i flaen. Er na cheir tystiolaeth fod canu yn y drws ar galan Mai'n gyffredin cyn yr ail ganrif ar bymtheg, ceir rhyfaint o le i gredu bod y carolwyr haf wedi tynnu ar ganu cynharach i'r haf. Dyna ddau gywydd unodl Dafydd ap Gwilym, y naill i fis Mai ag enw'r mis ar ddiwedd pob cwpled, a'r llall yn yr un modd i'r haf. Gwelir yr un hynodrwydd yng ngharolau haf Wmffre Dafydd ab Ifan ac Edward Rowland (rhifau 3 a 4), lle diwedda pob pennill â'r gair *Mai*, a cheir carol haf gan Huw ab Efan hefyd lle gwelir *ha'* a *Mai* ar ddiwedd pob pennill yn olynol ac eithrio'r tri olaf.

Yng ngharol haf Siôn ab Ifan Grythor yntau yn 1625, sef y gynharaf ar glawr, er mwyn cyfleu'r disgwyl eiddgar am yr ŵyl, ailadroddir *Clame* yn llinellau olaf tri phennill yn olynol (1.16, 20, 24): *Chwi a wyddoch fod Clame yn dyfod ... Chwi a wyddoch fod Clame yn agos ... Ond llawen yw gweled dydd Clame?* Y tebyg yw fod Siôn yn adleisio'n fwriadol batrwm a welir mewn cerdd serch ddienw ar galan Mai a gofnodwyd gan John Jones Gellilyfdy yn llawysgrif Cwrtmawr 203 (1605–10), t. 65, ac a geir hefyd yn *The Oxford Book of Welsh Verse*, t. 211. Wele dri phennill ohoni:

> Gwelais i ddail 'r hyd brig y llwyn,
>   Gwelais i ŵyn a mynne;
> Yr eos yn pyncio ddydd a nos,
>   Mi a wn mai agos Clanme.

> Llidiart newydd ar gae ceirch,
>   A thynnu meirch o'u stable;
> Tido'r rhain yn nghwr y rhyg –
>   On'd bendigedig Clanme?

> Gwelais i egin haidd yn llon,
>   Gwelais i gywion gwydde,
> A chywion ieir ac ebol bach –
>   A pham na ddaw bellach Glanme?

Dyma gonfensiwn amlwg sy'n awgrymu'n gryf fod ailadrodd naill ai enw'r ŵyl, y mis neu'r tymor yn hen nodwedd ar ganu ar galan Mai, ni waeth a ddigwyddai yn y drws ai peidio.

Yn olaf, rhaid cadw mewn cof fod y cerddi hyn i'w canu. Er mor braf yw eu darllen, wrth ganu neu wrando'r geiriau'n unig y gellir llwyr fwynhau eu rhuglder a'u bywiogrwydd. Yn ffodus iawn, mae llawer o'r alawon y cenid y cerddi arnynt, yn wahanol i gerddi'r Oesoedd Canol, ar gof a chadw – un arall o ogoniannau'r ail ganrif ar bymtheg. Ymhlith yr alawon ar gyfer carolau haf a ddiogelwyd yng nghasgliadau pwysig Ifor Ceri (1770–1829), ceir tair y gellir eu cysylltu ag ardaloedd rhai o garolwyr haf y gyfrol hon, sef Sir Drefaldwyn, Darowen yn benodol, a Glyn Ceiriog yn Sir Ddinbych. Mae'r olaf yn un o nifer y dywed Ifor Ceri mewn llythyr at John Parry (Bardd Alaw) iddo eu codi 'from a third in lineal descent from a person who used to sing them to Huw Morus [*sic*] with his unrivalled songs'. Mae'r alaw honno o'r pwys mwyaf, felly, wrth geisio ailbriodi'r geiriau a'r gerddoriaeth, a gwelir isod gopi ohoni. Fe hyderir y gellir bellach ail-greu ychydig o'r perfformiadau gwreiddiol a fu gynt mewn drysau agored yng nglas y dydd, ar galannau Mai pell yn ôl.

Am astudiaeth drylwyr o'r cerddi, ynghyd â golygiadau llawn o dair carol haf gan Huw (yn cynnwys rhif 14), gw. f'erthygl 'Carolau haf Huw Morys ac eraill o feirdd yr ail ganrif ar bymtheg', *Llên Cymru*, 45 (2022), tt. 69–140. Ceir casgliad defnyddiol o alawon traddodiadol ar gyfer carolau haf wedi eu cydgordio gan Arfon Gwilym a Sioned Webb, *Canu Haf* (Caernarfon, 2017).

Mwynen Mai (Glyn Ceiriog)

Cofnodwyd yr alaw hon gan Ifor Ceri yn 1824/5, gw. LlGC 1940iiA, 22ᵛ (diolch i Arfon Gwilym am drefnu'r gerddoriaeth). I bori'r llawysgrif gyfan ar wefan Llyfrgell Genedlaethol Cymru, dilynwch y côd.

1.

Gwŷr, gwragedd mwyn tirion

Carol haf yn y flwyddyn 1625

Siôn ab Ifan Grythor

Gwŷr, gwragedd mwyn tirion, ufuddgar hael ddynion,
Merched, morwynion mawr enwog sy 'n tŷ,
Codwch, dihunwch, peidiwch, na chysgwch,
Yn ufudd, moliennwch Grist Iesu!

Fo basiodd y gaea', gwynt gwaeniwn o'r oera',
Daw Clame yn nesa', mi a'i henwa' fo'n hy,
Clowch y bereiddgog a'r eos lân serchog
Mewn llwyni meillionog yn canu.

Clowch acen uniawnllais yr adar pereiddlais
Ar irwydd a hoffais, heb fod ronyn bai,
Y mae'n angen gorffwyso, y mae'n ddiog a orweddo,
Y mae'n swrth iawn a gysgo ar foreufai.

Y mae'r meysydd yn glasu, fo ddarfu i bawb lyfnu,
Dowch ata'i i foliannu'r lân Drindod,
Fe heuwyd yr heiddie, y llin a'r holl hempe –
Chwi a wyddoch fod Clame yn dyfod.

Myfi a weles ddail gleision yn hilio coed irion,
Mynnod, ebolion yn rhedeg 'rhyd rhos,
A'r gwenolied bob bore ar dop y simneie –
Chwi a wyddoch fod Clame yn agos.

Cawn weithian ehangdwr, gan Iesu cawn swcwr,
Efe ydi'n dadleuwr mewn cyfle,
Daw at y 'nifeilied i helpu'r rhai gweinied –
Ond llawen yw gweled dydd Clame?

Ewch, ferched, i'r bronnydd i hela llysieuwydd
Dilys i'r dolydd, deiliog pob lle,
Ewch allan i frwyna, i hela llysie o'r pereiddia',
Canys y daw yma'ch cariade.

Rhedwch i'r gerddi, heliwch rosmari,
Safri a lili, y mae'n alawnt i chwi,
Torrwch cyn peidio bob llysie ar sydd yno
Yn wychlan i drwsio'n ffenestri.

Codwch yn llawen, gŵr y tŷ a'i wraig burwen,
Y mae hi yrowan yn blygen, yn agos i'r dydd,
Codwch eich meibion a'ch merched mwyn tirion,
Eich gweision, morwynion, ar gyfddydd.

Yr ydwy' i'n gobeithio, er imi'ch dihuno,
Nad ydech chwi'n digio (y mae digon yn flin),
Codwch yn fowiog, sydd ar hur ac ar gyflog,
40   Fo ganodd y ceiliog er ys meitin.

Y sawl sydd yn arfer o godi'n ddiofer
(Mae hynny yn bleser), fe a'i blysia bob dydd,
Caiff Dduw yn gyfrifol a iechyd corfforol,
44   A'i waith yn barodol yn drydydd.

Nid ydwy' gyfarwydd eich codi chwi'n ebrwydd,
Duw f'Arglwydd yn hylwydd a'ch catwo chwi i gyd,
Duw a adawo ichwi beunydd bob peth ar iawn gynnydd
48   Trwy lwyddiant, llawenydd ac iechyd.

Duw, cadw yn gynta' y gŵr da a'r wreigdda,
Y rhain sydd yn benna', yn gofalu'n gytûn,
Y meibion a'r merched, y tai a'r anifeilied,
52   Na ddelo byth niwed atyn'.

Duw, cadw'r ysguborie sydd â'r pur ŷd o'r gore,
Caiff pawb a fo ag eisie ymwared wrth raid,
Duw, cadw yn drefnus bob peth mewn modd gweddus,
56   Fel dyna bur ewllys y gweiniaid.

Yn heleth, dod ffrwythydd pob aeron ar goedydd,
A thoreth ar feysydd, iawn fesur sydd dda,
A thowydd a hinon pen fôn' yn aeddfed ddigon,
60 A iechyd i'r dynion i'w hela.

Mi af weithian i rodio, ces yma fawr groeso,
Duw f'Arglwydd a'ch catwo'n gytûn lle y boch,
Bendith Crist Iesu i'ch aelwyd a'ch gwely,
64 Codwch i fyny pen y mynnoch!

Duw, cadw trwy urddas ein brenin coweithas
I riwlio'i holl dyrnas o gwmpas i gyd,
Dod iddo iawn ragor yn ben ar bob bordor,
68 A dyddie'r hen Nestor trwy iechyd.

Duw, cadw'r penaethied, ei ffyddlon gynghoried,
Y gweinied a'r deilied dilys di-ddrwg,
Yr Efengyl, dod iddo drwy'r dyrnas le i rodio,
72 A phawb i'w wir gofio heb gilwg.

Rhai a ofyn yn ebrwydd iwch oedran yr Arglwydd
Y gwnaed hyn o arwydd (daueiriog yw'r byd):
Mil chwechant, yn llawen y mae pawb yn ei ddarllen,
76 Pum mhlynedd ar hugen hefyd.

Na cheisied neb arfer yn fynych lle'i carer,
Y mae hynny'n waith ofer anianol,
Ni ddof inne i'ch tryblio na mwy i'ch dihuno
80 Tan flwyddyn i heno â'm carol.

Yn ormod myfi a'ch trybles, a'ch arian myfi a'i cefes,
Chwi a wyddoch fy musnes, nid ydwy' ddyn gŵyl,
Bendith Dduw'n benna' a adawa' inne yma –
84 Y mae'r gŵr o'r tŷ nesa'n fy nisgwyl!

2.

Deffrowch, foneddigion

Siôn ab Ifan Grythor

Deffrowch, foneddigion, na fyddwch anfodlon,
Yn wŷr ac yn feibion tirion eu taith,
Yn wragedd daionol, yn ferched rhagorol,
4 Hardd deulu glân reiol, ar unwaith!

Cydgodwch yn ebrwydd, cydfolwch yr Arglwydd
Sy'n danfon pob newydd ar gynnydd gwych:
Yr hafddydd yn berffeth mewn cowrain ragorieth,
8 Hin prydferth glân heleth haelwych.

Fel dyma Dduw Clame yn aml ei ddonie,
Pob ffrwythe ar y gore mewn cowrain fodd,
Fe a ddarfu'r hin gerwin, mae meysydd glân dibrin,
Moliannwn ni'r Brenin a'n prynodd.

Mae'n burlas y coedydd, mae'n lwyswych y meysydd,
Mae mulod y gwledydd ar gynnydd i gyd,
Mae'r hin yn dymhoredd, clowch adar cyfrodedd
Peradwysedd, fodd hafedd, hefyd.

Pob donie daionol, pob ffrwythe daearol,
Pob peth sydd hyfrydol – Duw nefol a wnaeth
Yn glaear y towydd dan wybren yn ebrwydd,
Fodd hylwydd, pob digwydd digaeth.

Rhodd Duw inni'r llynedd sbring cynnar peradwysedd
A ffyniant, hoff iawnwedd – ond gweddedd a fu'r gwaith?
Mae 'leni'n gynharach, mi a'i dweda'n ddianach,
Moliannwn Dduw bellach ar unwaith.

Yr hwya' ar a gowse y llynedd ei ddyddie
A ddwede na welse'r faeth flwyddyn erioed,
Clodforwn Dduw'n benna' am drefnu'r sbring yma,
Cynhara', mi arga', Mai irgoed.

Pei cymren ni'n fynych ffydd berffaith gyfiawnwych –
Mae'r Arglwydd yn haelwych, rhwyddwych drwy rad –
Cawn gantho'n gyfannedd bob ffrwythe'n dymhoredd
32 O'i rinwedd mewn gwiredd gariad.

Cydgodwch, y meibion hyfrydol eu moddion,
Mae'r bedw'n bur leision, luosog fodd,
Pawb eled â'i fedwen i'w gariad eglurwen,
36 Ei seren fain irwen eurfodd.

A'r merched, ewch chithe i'r gerddi i hel llysie,
Daw'n siŵr eich cariade i'r drysie'n ddi-drai,
Ceisiwch yn gyfannedd ir himpie peradwysedd,
40 Weilch gweddedd glân dofedd difai.

Fel dyma'r hen ormes, ŵr hynod ei hanes,
Y crythor a'i rodres yn rhedeg i'ch blith,
Yr wy' i'ch tryblio chwi beunydd, bydd ichwi lawenydd,
44 Hoff iawnwydd ar gynnydd fel gwenith.

Mae'n fadws ym bellach roi ymeth f'ysbleddach,
A mynd yn ddianach dda union i'r bedd,
Rwyf i beunydd â'm gweddi at f'Arglwydd Dduw Celi
48 Yn ddifri' heb wegi na gwagedd.

Yr wyf i'n tybied fod ange yn ofni fy nghane,
A'm bwa a'm pethe a'm geirie fel gŵr,
Fe a glybu 'n fy ienctid fy mod i'n ddyn embyd,
52   Heb arswyd yn ymeilyd fel milwr.

Serch Duw a fytho yma, a'r ffyniant o'r mwya',
Tangnefedd yn benna', biniwn di-wael,
Eich tai a'ch ysguborie a fo byth ar y gore,
56   Iawn ddonie mewn arfe mawrfael.

Poed ffyniant, a chynnydd a fytho ar eich meysydd,
Pob ffrwythe, glân dedwydd fodd didwyll, a fo,
Pob donie dianach heb ballu ichwi bellach,
60   Duw'r […] a'u rhoddo.

Hir einioes a ranner yn wiwlwys a weler!
Yn gynnes drwy bleser, fy hyder sy o hyd
Ddŵad atoch, lân deulu, tra gallwy' drafaelu,
64   Nes i ange fy ngyrru i'r gweryd.

3.

Bonyddigion a chyffredin

Carol haf yn y flwyddyn 1645

Wmffre Dafydd ab Ifan

Bonyddigion a chyffredin, gwŷr, gwragedd, merched, bechgyn,
A'ch cwbl holl o'ch gwerin sydd yn eich dichlyn dai,
Codwch a phrysurwch, gwiw ddeiad, a gweddïwch,
4   A hyn ar fore tyner tawel teg o Fai.

Coded, bawb, i fyny i wrando ar y gog yn canu,
Mae dail y coed yn glasu yn leision wrth eich tai,
Mae glân eginau gleision, mae ffrwythydd ffrithoedd llownion,
8   A hyn ar doriad tirion mwynaidd Mai.

Fel dyma gyflawn ffrwythydd ar goed a maes a mynydd,
A ninne yn aflonydd beunydd yn ein bai,
Na chymren ni edifeirwch pen oedden ni'n cael heddwch,
12 Da fowredd a difyrrwch, fore o Fai.

Dyma Dduw'n ymgynnig i'r byd yn fendigedig,
A ninne'n wrthodedig – ond adwyth ydi'n bai,
Gyn g'ledrwydd ein calonne, ein balchder a'm camwedde,
16   A drodd yn chwerw chware ar fore o Fai?

Mae Duw yn hael garedig o'i rad ynn, gennad gynnig,
O'i rad heb ronyn diffyg, ond affeth twyll ne fai?
A ninne yn wrthnysig, gŵyl, gwaith na dydd arbennig,
20   Ar Sulgwyn, Pasg, Nadolig, Calan Mai.

Rhwygwn ein calonne, ac nid ein dillad dillie,
Arliniwn ar ein glinie, a'n llwythe fydd yn llai,
A chym'rwn edifeirwch yn amser trowsedd tristwch,
24   Da fowredd edifeirwch, fore o Fai.

Codwch Gymry a Saeson, ewch ar eich glinie noethion
Yn eiriol ar Dduw cyfion gyflowni hyn ar drai,
Ar gaffel o'n Cristnogion heddwch cariad ffyddlon,
28   A hyn cyn toriad tirion mwynaidd Mai.

Mae'r drwm yn sowndio larwm, mae brys a rhodres rhydrwm,
Mae garw ruthrau gorthrwm yn pasio rheswm rhai,
Mae tân a'r powdwr gynne, mae peleds plwm yn chware,
32   Fel dyna'u miwsig danne fore o Fai.

Mae chwalu mawr, mae chwilio, mae glwth yn rhwth anrheithio,
Mae plwndrio, rifflio, treisio, [...] camiwsio tai,
Mae gwaed ein gweiddi canlle gar bron Sihofa nerthe,
36   A hyn ar lân dymhore teg o Fai.

Mae cyrff ein cymydogion a'n brodyr a'n cymdeithion
Yn gelanedde mowrion gleision yn y clai,
A'u hesgyrn yn garnedde, a'u claddiad yn y cloddie,
40   A hyn ar lân dymhore [teg] o Fai.

Mae ysigfrain yn ymborthi, ac adar annifeiri,
A'r Arglwydd sy i'n cosbi am ein casbeth fai
Ar gig a gwaed ein brodyr – ond yw hyn destun tostur?
44   A hyn ar lân dymhore teg o Fai.

Mae utgorn yn datseinio i'r fatel tan ymfetio,
Mae canans mawr yn rhuo, yn rhwygo llawer rhai,
Creulondeb, anhrugaredd, cyflafan ac anrhydedd,
48   A hyn ar lân dymhore teg o Fai.

Mae trethi mawr tra uchel yn rhifo meirch i ryfel,
Mae gerain heb ddim chwedel, a'r drafel aeth ar drai,
Duw f'Arglwydd a'i drugaredd a drefno heddwch gwaredd,
52   A hyn gyn toriad mwynedd tirion Mai.

Mae caere trefydd cryfion, mae llyse'n llosgi'n boethion,
Mae trefydd mawr yr awrhon, mae arwydd […] ei thai,
Mae traffit ysgolheigion ysgilwyd o'u hysgolion,
56 A gollodd o'u harferion mwynaidd Mai.

Duw, cadw ac amddiffyn ein gwir ddilladog frenin
A'i gwmpni, reiol feithrin ein rhi' bob rhai,
Mewn cariad â'i gynghorion a phawb sydd iddo'n ffyddlon,
60 A'i fradwyr, byw na bothon' fore o Fai.

Mil a chwechant gwyliant, gwelir, a phump a deugien, rhifir,
Yw oedran Crist ein Meistir, darlleinir, heb ddim llai,
Pan wnaethpwyd hyn o draethod i ofyn nawdd am bechod,
64 A hyn yn amser cyfnod mwynaidd Mai.

Y byrdwn:
Codwch, ddynion, codwch i gymryd edifeirwch,
I geisio haeddu heddwch, a chyn y Gŵr sy uwchben,
Fo drodd y rhod i eitha'r nod, ymwnewch â Duw, fel dyna glod,
68 Rhag ofn y digwydd bod y byd ar ben.

4.

Yr hwsmyn, weithian codwch

Carol haf yn y flwyddyn 1667

Edward Rowland

Yr hwsmyn, weithian codwch, llu annwyl, a llawenwch!
Ar hyd eich meysydd rhodiwch mewn rhadol glod ddi-fai,
Croesefwch gwedi'r gwanwyn gwresoca', teca' tocyn,
4 Y tymor hafedd twymyn disgleirwyn melyn, Mai.

Mae'r bedw mor wybodus, a Fflora'r coed a ddengys
Hyn o gyfnewid hoenus tyner i bob rhai,
Cewch weled mor berffeithlon, yn eglur i'ch golygon,
8 Er gwir gonfforddi'ch calon, mor wynion, meillion Mai.

Pob peth er lles a llwyddiant yn glir drwy dir a dorrant,
Carnosion, lili, lafant, gwir ffrwythiant, a gaiff rhai,
Gweini a wnaiff y gwenyn i'w hadail dan eu hedyn
12 Y mêl o bob llysiewyn a fo 'n nyffryn minwyn Mai.

Mae'r manwl adar mwynion yn tyrru fel cantorion
I'r unman yn ymryson, dda felys dôn ddi-fai,
Y rhain i Glanmai'n unig gyrdeddant gerddi diddig,
16 Lleferydd organs coedwig, urddedig fiwsig Fai.

Mae llawer gwas trwmbluog a llawer morwyn serchog
A ddisgwyl yn odidog y dedwydd haf lle dai
Yn nechrau Clanmai, cleimian' y diwrnod hwnnw'i hunan,
20 Yn ddygwyl; codan' os mynnan', nhw welan' fuan Fai.

Mae llawer cybydd dichlyn a lwyr lawena'n ddibrin
Pan welo ffrwythau'i egin, ffraeth agwedd, yn ddi-drai,
A llawer gwas pensomgar a'i gwneiff ei hun yn feistar,
24 Chwi welwch mai rhinweddgar yw'r howddgar fwyngar Fai.

Deffrowch yn llu diniwed, gwych glaear, chwi a gewch glowed
Yr adar o'r un dynged yn dangos wrth eich tai
Fod gwedi'r gwanwyn oeredd ar fryniau fwy o rinwedd
28 O glaerwyn deg eglliredd gorfoledd mawredd Mai.

Mae llawer crydd a ddechry o'i galon lân lawenu
Pan welo'r ffordd yn glasu, chwi glowsoch hyn gan rai,
Rhydd newid rhwydd cyn rhated ar lawer meister caled,
32 O glowed cyn wresoced y siaced felfed Fai.

Cydgofiwn ar ddaearen ddameg y ffigysbren,
Ni wyddom ar ei ddeilen urddoledd bur lle bai
Mai pwyso bydd, nid amgen, yr amser at ei ddiben,
36 A bod lle gŵyr drachefen y laswen fedwen Fai.

Fel y mae'r tymor felly yn gwresog adnewyddu,
A Phebws yn derchafu dra chyfion des ar dai,
Adnewyddwn ninnau ein bywyd a'n bucheddau,
40   Fel cwrs a chlod y dyddiau dedwyddol moddol Mai.

Cofiwn y morgrugyn o ddechre gwres y flwyddyn,
Yr hwn ni orffwys ronyn yn unawr, ac ni sai',
Ond casglu a fwrio'n ddigel y gaea', yrfa oerfel,
44   Nes dowad, einioes dawel pryd angel, metel Mai.

Yn annwyl iawn gwnawn ninnau, o gariad byth, y gorau
O'r amser glân a'r dyddiau dedwyddach i bob rhai,
Disgwyl drwy dduwiolfryd ddyfodiad Crist bob ennyd,
48   O ran nas gwddom hefyd pa bryd na munud Mai.

Wrth glowed mor llawenfaith yw'r gog a'r ceiliog bronfraith,
A'r fwyalch hithau ar unwaith, a'r wennol chwaith ni thau,
Ond datgan mor berffeithlon, bawb yn yr iaith a fedron',
52   Faint yw rhinweddau ffrwythlon yr hinon fawrlon Fai.

Meddyliwn fel y deffry utgorn Crist ni i'n barnu,
Er claddu'r cyrff i bydru mewn clòs garchardy clai,
Y meirw ar drawiad amrant trwy'r byd i gyd a godant
56   Gar bron Un Duw gogoniant mewn meddiant, moliant Mai.

Cydfyddwn yn gweddïo, un galon, ac yn gwylio,
A'r lampau yn ein dwylo yn deilwng, hyn a fai,
Ymgeisiwn â duwiolder ar union ffordd, i'w adfer,
60   Trown heibio lid a ffalster yn amser mwynder Mai.

Hai, codwch, y llancesi! Â lafant, rhos a lili,
Perffiwmiwch eich ffenestri yn llwyni heb ddim llai,
Dangosed y morwynion i bawb heb gêl a ddelon'
64   Fod yn eu teiau tirion arwyddion mwynion Mai.

Y duwiol nefol deulu, boed hir y boch trw'r Iesu
Mewn urddas i'w foliannu, fel Enog gynt a wnâi,
Ac megis Aron dyner yn sanctaidd iawn bob amser
68   Y boch chwi'n casglu power o fraster mowredd Mai.

Oed Iesu, oen dewisedd, mil chwechant trigien mlynedd,
A hefyd saith, air hafedd, i'w rhifo heb ddim llai,
Cyd-rown ein gweddi ar unwaith ar gadw'n brenin perffaith,
72   A dweded pawb yn helaeth 'amen' ar foregwaith Mai.

Y byrdwn:
Gogoniant, moliant miloedd, i Frenin y cenhedloedd,
Sy'n cynnydd ffrwyth ar diroedd rifedi, gwlithoedd glân,
Ac yn danfon gyda'r wawr, sy rad wellhad ar ydau llawr,
76   I bawb yn deg bob ennyd awr, i borthi mawr a mân.

5.

Y duwol deulu llawen

Huw Morys

Y duwol deulu llawen, deffrowch i wrando ar f'awen!
Wrth edrech ar ddaearen, lwys donnen las ei dail,
Arwyddion da sy'n dangos fod howddgar haf yn agos:
4   Mi glowes er ys wythnos lais eos, loyw sail.

Mae blode'r tiroedd tirion fel glân gwrlide brithion,
Odiaethol yw'r bendithion sy'n calyn hinon haf,
Mae'r coedydd llymion nhwythe yn gwisgo gleision glosie
8   I groesafu Clame y dyddie, donie daf.

Mae donie Duw fel dagre gwlith Hermon, ddyfnion ddafne,
I godi gwair ac yde, da'i wrthie ydyw Ef,
I'r plant a'r gwragedd fo geir llaeth,
                            a chwrw i'r gwŷr a'u meibion maeth,
12   Nid oes dim dan gêl yn gaeth i'r Gŵr a wnaeth y nef.

Na fyddwn rhy ofalus am borthi'n cyrff rhyfygus,
Rhy falch a rhy gybyddus yn ddownus fyth ni ddaw,
A ofynno ras i'r Iesu, digonol fydd dan ganu,
16   Fo geiff bob peth heb fethu, ond credu a lledu llaw.

Mae rhai yn ofni rhyfel, y peth ni ddaw 'n eu cyfel,
Fo goelir llawer chwedel ac yntho ychydig wir,
Mae'n rhydd i'r hwn a fynno gael mynd ar fôr i fentro,
A fedro garu a gweithio, gwell iddo dario ar dir.

Y meibion hoenus heno a'r merched, rwy'n dymuno,
Fel y galloch ddiofal huno, gytuno i gadw tai,
Llawenach a mwy llwyddiant na mynd i Ffrainc na Holand
Fod gartre', gore gwarant, yn canu moliant Mai.

Y gŵr a'r wraig rianedd, hir oed i chwi 'n eich annedd,
Lle cowsom ni'n gyfannedd y llynedd fwynedd fael,
Er dyfod i'ch clodfori, mawr gariad, am ragori,
Gwir yw yr hen ystori : nis gorfydd holi hael.

Y byrdwn:
Yr Arglwydd o'r uchelder, a wnaeth y byd â'i bower
I ymddiffyn y cyfiownder yn erbyn trowster trist,
A gatwo Chiarls ein llowydd yn berffaith beniaeth beunydd,
Er mawl i Dduw o'i herwydd yn cynnal crefydd Crist.

6.
Y duwiol deulu diddan

Huw Morys

Y duwiol deulu diddan, deffrowch a dowch heb duchan
I ganu mawl gysurlan i Glame glân yn glir!
Duw hael Ei hun sy'n rhannu i holl gre'diried Cymru,
4   Mae'r hin yn tystiolaethu nad gweddus gwadu'r gwir.

Nis gwelodd ein hen deidie erioed gynharach Clame,
Ar diroedd a pherllanne cawn ffrwythe, moethe maeth,
Mae'r lloie'n llon yleni, a'r ŵyn yn chware barli,
8   Wrth fod y byd yn bwysi, i'w porthi a'u llenwi â llaeth.

Pe base waenwyn caled, fo fase ormod colled
Am filoedd o 'nifeilied, gan brinned bwyd i'n bro;
Yr Arglwydd a dosturiodd a'i fendith a ddanfonodd,
12 A'r ddaear lwyd a lasodd, iawn fodd, pen fynnodd Fo.

Er clowed rhai yn cwynfan fod prinder mawr am arian
I wrando'i sŵn yn sincian, naws diddan, nos a dydd,
Mae digon o bob coweth, ond eisie cariad perffeth,
16 Ac eisie gwell credinieth i'n sirio, ysoweth, sydd.

Er bod yn ddrwg ein buchedd, a'n ffydd yn wan ddiymynedd,
Mae Duw yn llawn trugaredd i wirio'i ẁredd Air,
C'redigrwydd gwiwlwydd gole, o'i ddedwydd ryfeddode,
20 Oedd ddanfon dail a blode, glân fodde, cyn gŵyl Fair.

Ymwisgwch chwi'r ifienctid i rodio'n fwyn ddifewyd,
Yleni mae i chwi addewid am rydid mwya' erioed,
Gwrandewch ar lais yr adar yn galw â'u llef yn llafar,
24 Pob llanc a llances howddgar, awch gynnar, ewch i goed.

Y gwrda a'r wreigdda syber, chwi wyddoch gwrs ac arfer,
Nid oes neb well eu cellwer am fwynder, myfi a wn,
Eich tŷ sydd lawn o groeso, hir enioes fo ichwi ynddo,
28 Dedwddach dowad iddo na rhodio heibio i hwn.

Y byrdwn:
Y Gŵr a wnaeth y dyrnas a gadwo'n Brenin Siarlas
I fyw drwy fodd cyfaddas yn ben glain urddas gwlad,
A heddwch, llawen gysur, a fo i bob calon gowir,
32 A byrroes i bob traetur dwl synnwyr dilesâd.

7.
Y teulu â'r teilwng fowyd

Huw Morys

Y teulu â'r teilwng fowyd, deffrowch a chym'rwch ennyd
I ganu mawl bob mynud am howddfyd ac am hedd,
Mae Duw â'i law'n ddiliwied o gaere'i lys agored
4   Yn danfon mawr ymwared, diludded yw Ei wledd.

Ni welodd y rhai hyna' howddgarach hinoedd gaea'
O fewn y cleimiant yma, preswylfa rhedfa rhad,
Er maint drygioni dynion, mae Duw yn hael o'i roddion,
8   Ni edy ddim diffygion, awdurol dirion Dad.

Dowch i gyfarfod Clame i gyd un fryd fwriade,
Ni bu yn oes ein tade y cyfryw rade erioed,
Cewch weled â'ch golygon fel petech yng Nglyn Ebron
12 Mor wych yw'r dolydd gleision a'r gerddi a'r gwyrddion goed.

Gwlith Hermon sydd yn ffrydio, hap hylwydd waith Apolo,
A'r Arglwydd yn bendithio y tir i lwyddo'r tai,
Rhown foliant â'n tafode i awdwr rhyfeddode
16 A roes y perffaith flode, pob node amode Mai.

Meibion oerion ara', cyfodwch, fi a'ch cynghora!
Ewch at y dduwies Fflora, y fonddigeiddia'i gwawr,
O'i gardd chwi gewch arwyddion a wedde i wŷr i'w danfon
I'r merched gonest gwynion am wirion gariad mawr.

Y merched, codwch chwithe, os oes dim serch i'ch bronne,
Mae'n berigl cysgu'r bore rhag syrthio Glame'n gla',
Rhodiwch gyda'r hedydd, a gwisgwch fuchedd newydd,
Y ddidwyll a fydd yn ddedwydd a hardda' hirddydd ha'.

Llawenydd diwall enwog a fo ichwi'r gŵr trugarog,
A'r wreigdda â'r fron galonnog, i rannu i rowiog rai,
Da'i gwyddoch gwrs ac arfer pwyntmanne tanne tyner,
Cewch glod am fod yn syber, i 'mendio mwynder Mai.

Y byrdwn:
Brenin y brenhinoedd sydd yn rheoli'r hinoedd,
Gorchfygwr traws fyddinoedd – yn winoedd ddŵr a wnaeth –
A gatwo Charls ein bugel rhag dig a rhyfyg rhyfel
Drwy ffydd a dawn fel Daniel, oen cu 'n y cynel caeth.

8.

Y gŵr a gâr lawenydd

Carol haf yn y flwyddyn 1682

Huw Morys

Y gŵr a gâr lawenydd, a'r teulu mwynion llonydd,
Fel dyma dawel dowydd, da gynnydd Duw i'w gael,
Y gwaenwyn llwm aeth heibiaw, a gwynt y gogledd gwaglaw,
4 Doeth Clame tyner distaw clir hylaw claear hael.

Y gwaenwyn y bu gwynfan am wellt a gwair ac arian,
A'r gwartheg ar ry fychan yn tuchan yn y tai,
Bellach, nhw amddigonant, os porfa las a borant,
8 Caiff pob hen fuwch ŵyl mabsant, awch mawrchwant, ddechre Mai.

Pwy a fydde gwan eu gobeth am olud ac am lunieth,
A Duw mor hael o'i goweth pur heleth i bob rhai?
A'r adar draw 'n y goedwig yn ddiolchgar ostyngedig
12 Sydd well na gwŷr dysgedig am osod miwsig Mai.

Rhai gwŷr, wrth ddarllen llyfre am helynt y plaenede,
Yn darogan blinion ddyddie â'u sâl resyme sydd,
Mae pyrth y ne'n agored, a donie Duw yn addfed,
16 Ond ceisio, cawn ymwared, ffei wanned ydiw'n ffydd!

Ailimpiwn ein cyneddfe i ddwyn rhinweddol ffrwythe,
Un fath â'r coed a'r caee, ar ddyddie Clame clyd,
Try Duw Ei wyneb atom er y drogan drwg a glowsom,
20   Y Fo a ofala drosom trai byddom byw 'n y byd.

Y meibion mawr eu cariad, meddyliwch droedio'n wastad,
Heb gynnig codwm anllad, am orchwyl marchnad merch,
Ffinio'r rhai cwaethogion yw cyfreth yr esgobion,
24   A chosbi cyrff y tlodion nes oeri ffyddlon serch.

Rhad yr Arglwydd Iesu i'ch plith, y duwiol deulu,
Rhown ninne glod i'ch harddu drwy gowir ganu'r gwir,
Mae pawb yn rhoi ichwi eirda am groeso pêr a chlera,
28   Hir lwyddiant a fo yma heb eiriach bara a bir.

Y byrdwn:
Twysog y twysogion, bendithia Siarls a'i goron,
Mwy nerthol na'i elynion yw D'eirie doethion Di,
Rhag min y cledde gwaedlyd, a phob rhyw berigl enbyd,
32   Un Duw tragowydd hyfryd uniownfryd, gwared ni!

9.

Drwy'r annedd, bawb, dihunwch!

Carol haf yn y flwyddyn 1684

anhysbys

Drwy'r annedd, bawb, dihunwch! Mewn cadarn gariad, codwch,
Fel […] Ddoeth, ymolchwch, rhoddwch i Dduw'r mawl,
Ar ôl holi'n ddifri'r ddwyfron, dirgelwch tir y galon,
4   Cofiwch yrru'r cyfion weddïon mwynion mawl.

Pob llinyn drwy'r telyne a gweiried ar y gore,
Gwnewch chithe eich calonne fel seintie'n demle Duw,
Cydgenwch yn eich ysbryd, ac â dealltwrieth hefyd,
8   I Dduw, fu'n rhoi drwy addewid iwch fowyd, bawb, i fyw.

Mae dyfnion ysgoleigion […] Llunden a phrydyddion,
A sêr ystronemyddion yn rhoi bygythion gant
Y gwelir 'rhyd y gwledydd a'r ddinas fawr o ddefnydd
12 Ddrudanieth a chornwydydd yn dal i'w gilydd dant.

At Dduw, gwnawn ein gweddïe, naws beredd, nos a bore,
F'all nadu'r holl blaenede a rhoi rhwyme ar drane draw,
Ein gwir Greawdwr howddgar heb symud yn Ei shambar
16 Sy'n dala nef a daear fel lantar yn Ei law.

Nid oes ungwr yn ei annedd yn cofio ys trigen mlynedd
Fath rew ac eira'n gorwedd, a'r gogledd gwaeledd wynt,
A phwys y dŵr pen dorre draw a lyniodd rhwng torlanne
A gariodd ffwrdd o'u cyrre werth cantie o bunne o bynt.

Heb gwestiwn, fo fu gystudd ar wyneb yr afonydd,
Durew a garw dowydd drwy […] ddydd a nos,
A'r llonge […] awel yno a rewodd,
A llawer un a rynnodd ne a fferrodd yn y ffos.

Mi weles yrru milen 'rhyd wyneb Tems yn Llunden,
Cerbyde, certie a wagen, mi wn drigen, lawer tro,
Marsiandaeth fawr oedd yno, tai filoedd wedi'u bildio,
Mae'r llyfre gore'n gwirio, wedi'u preintio i'n bro.

Mi glowes fod yng Nghymru gyfreidieth fawr am falu,
Nes i'r gwres gynhesu a chwalu, rhannu'r hin,
A'r bire a'r cwrw a'r sheri mewn rhwym oedd wedi rhewi,
A'r barilie heb ferioli, oer dreni oedd eu trin.

Ffarwél, fo ddarfu'r achwyn am aea' ac eira erwyn,
[…] 'rhyd pob terfyn a dyffryn, dwymyn des,
Y dolydd sydd yn deilio a'r ffridd yn dechre ffrwytho,
Pob daear sy'n blodeuo mewn cyffro o groeso i'r gwres.

Mae'r adar, heb aredig na hyn na chyn ond ychydig
– Mae'u ymborth tra pharchedig caredig yn y coed –
Yn cofio Duw am eu cyfran, yn pyncio'n ôl eu hamcan,
40   Fel telyne aur neu arian yrŵan ac erioed.

Mae'r gog wedi'i gyflogi i howddgar gynnar ganu,
A'r gwres sydd i'w cynhesu dan dyfu ffrwythydd da,
A'r eos unnos enfog yn lleisio'n dra lluosog,
44   Yn dwedyd yn odidog mor rhowiog ydiw'r ha'.

Anerchion clydion Clame, ŵyn, gwenyn ac egine,
A duon lyfnion loue […] i'w mame'n iach,
Blode perllanne'n llownion a rodded yn arwyddion,
48   Gwin, gwenith a gwenolion heblaw ebolion bach.

Duw byth a gatwo'n brenin a phob gradde sydd o'r gwreiddyn,
Ddisomgar howddgar egin durfîn o'r hen ystâd,
Fo estyn Duw ei oese er mwyn dynion drwg eu nwyde,
52   Rhai a fyrhaodd yr orie, amsere a dyddie'i dad.

Duw a gatwo gylch eich annedd drwy gariad a thrugaredd,
Cofiawnder a thangnefedd fo ynghylch eich dofedd dai,
Fwy fwy a fotho'ch ffyniant, gorfoledd a gwir foliant
56   I'ch […], a bo tyciant gogoniant mwyniant Mai.

Fel dyma'r ha' godidog ar ôl gaea' anhrugarog,
Drwy dowydd oer anserchog, anwydog rowiog rew,
Y ddaear fu'n disgleirio a'r dyffryn glas yn deffro,
60   Hyd yn oed y coed yn cnotio, blodeuo a deilio'n dew.

O daw gofyn, drwy howddgarwch, pwy a ganodd iwch hyfrydwch,
Un fu'n dymuno heddwch dedwyddwch, bawb â'i hedd,
Sydd eto'n ceisio canu da fowredd i'ch difyrru,
64   Fel dyn a fai'n tywynnu'n ailgodi fyny o'i fedd.

10.

Y teulu â'r teilwng drigfa

Carol haf yn y flwyddyn 1684

Huw Morys

Y teulu â'r teilwng drigfa, deffrowch a dowch hyd yma
I ganu alaliwia i frenin noddfa ne',
Danfonodd, diwan fwyniant, o Hermon, ffynnon ffyniant,
4   Ar gynnydd, mawr ogoniant, bob llwyddiant o bob lle.

Fo ddyle pob credadun addoli Duw drwy'r flwyddyn,
Ei lwydd a'i law yn estyn a dystia ar destun da,
Llawer anrheg berffeth o bob daearol doreth
8   Sy'n dyfod yn gynhysgeth dra heleth gyda'r ha'.

Mae'r coed a'r meysydd llymion yn gwisgo gwisgoedd gwyrddion,
Fel gowne glân newyddion, arwyddion hinon ha',
Gwisgwn ninne'n unwedd mewn pur newydd-deb buchedd
12 I guddio'r hen anwiredd i'n dwyn i ddiwedd da.

Ni bu dim gaea' yleni na gwaenwyn enwog inni
Fod arglwydd yr arglwyddi o'i byrth i borthi'r byd,
Ac amled ein camwedde, afiachus frowchus fryche,
16 Glanhawn ein llon galonne a'n bronne, hi aeth yn bryd.

Mae'r adar oll yn pyncio, a'r ceirw o'r coed yn prancio,
A'r lloie a'r ŵyn yn downsio i wirio'u llithio â llaeth,
A phob creadur pruddedd yn llonnach nag y llynedd
20 Yleni wrth gael digonedd gorfoledd gwrol faeth.

Y merched sydd ddifalchach nag oedden' gynt yn grwgnach,
Y meibion, codwch bellach, fo fydd cyfeddach fwyn!
Ymwelwch â'ch cariade, a chofiwch gowrt Llanelwe,
24 Pan weloch ddail a blode, lwys lifre irlas lwyn.

Y gŵr a gâr lawenydd, a'r wreigdda bêr lyferydd,
Bendithion Duw, nid awydd, fo'n llenwi'ch dedwydd dai,
Canu'n ostyngedig yn deg wrth dŷ'r pendefig
28 A diolch am gylennig yw mosiwn miwsig Mai.

Y byrdwn:
Duw a gatw'r heddwch a'n brenin mewn diofalwch,
I gynnal drwy lonyddwch hyfrydwch yn ei fro,
Nad allo twyll na balchder fyth lygru pennaeth Lloeger,
32 Derchafu a wnêl cyfiownder ei fonedd faner fo.

11.

Ffarwél i'r gaeaf nychlyd

Carol haf yn y flwyddyn 1691

Siôn Dafydd Laes

Ffarwél i'r gaeaf nychlyd, a'r gwanwyn yr un ffunud,
Dau dymor hirllwm oerllyd a rhewllyd i bob rhai,
Fel dyma'r haf ysbrydlon a'i lariedd wiail irion
4 Sy'n ffrwytho'r holl blanhigion a meillion mwynion Mai.

Mae Phæbws yn derchafu ei faner ar i fyny,
A'i belydr yn llewyrchu i lywodraethu drwy
Y byd a'i holl gwmpasedd, ynysoedd tir y gogledd,
Gwresogant gwrs ei agwedd, gan gyrredd mowredd mwy.

Mae'r adar oedd yn fudion naturiol yn gantorion
Ar hyd y gwiail irion, yn rhadlon yn eu rhiw,
Yn pyncio mawl drwy ordinhad, addewid hen i Dduw eu Tad,
Am bob bendithion, rhoddion rhad, o'i gariad gwastad gwiw.

Mae'r holl fynyddoedd mowrion oedd hyd y gaeaf dicllon
Yn gwisgo gownau gwnion yn oerion ac yn iaf
Yn newid eu mantelli fel meillion gwrddion gerddi,
A'r praidd sydd yn ymborthi i bori'r rheini'r haf.

Roedd llawer llances hoenus yn disgwyl yn hiraethus
Am Fai a'i wisg gariadus ddifregus yn y fron,
I orwedd dano'n lloweth yng nghwmpni mwyn gydymeth,
I borthi cwrs naturieth ac afieth heleth hon.

Ac eilweth wrth ystyried, nid oes yr un ar aned,
Wrth weled cyn gynhesed pob addfed gowled gain,
Na chleiriach hen yn unlle nac ifanc na chwenyche
Cydseinio pêr gusane gwefuse rhywie'r rhain.

Gweddïed pawb o'r merched am ostwng y Papistied
Sy'n ymladd â'r Brutanied a'u deilied, galed gur,
Ond â, hwy fyddant bob yn saith (mae proffwydolieth yn ein hiaith)
28   Yn calyn dynion i bob taith am gaffel gwaith y gwŷr.

Neptunus, oedd yn fryniau, yn codi tros ei fanciau,
Yn demestl ac yn donnau ar hyd ei gyriau i gyd,
Sy'n gollwng o'u porthladdau yn heleth dan eu hwyliau,
32   I gyrchu amryw ffrwythau, y llongau i barthau byd.

Ystyriwn oll gan hynny, wrth weld pob peth o'n deutu
Yn addas adnewyddu, y modd y darfu'n deg
I'r Arglwydd eu hordeinio, meddyliwn ninne 'mendio
36   A throi'n pechodau heibio, egnïo i buro'n breg.

Geill Duw, er maint eu hymgais, y bleiddied hen difantais,
Hyll ddefod, a'u holl ddyfais a'u malais ym mhob man,
Roi anghenfil Ffrainc annhirion, y Pab a'i driphlyg goron,
40   A'r cwbwl o'n gelynion yn feirwon yn y fan.

Mae'r byd ar dân, yn ddiau, a phawb yn tynnu'i gleddau
I 'mryson am feddiannau a breintiau swyddau'n syth,
Duw, dod yn ddifrycheulyd i'n dwylo gleddau'r ysbryd
44   I ymladd yr un ffunud am hyfryd fowyd fyth.

Mil chwechant oed Mesïa naw deg ar un a gana',
Pen wnaed y carol yma o fawl i'r ha' mor rhwydd,
Duw, dod i bawb o'th fobol Dy ras i fyw'n heddychol,
48   A'r nefoedd yn dragwyddol orseddol, orau swydd.

Y byrdwn:
Cadwed Duw mewn cydwaed hy, bur union sant, y brenin sy,
A'i frenhines gynnes gu, i nerthu a ffynnu'n ffydd,
A rhoed iddynt o'i fawr ras rym i ostwng pawb o'u cas,
52   Sef bradwyr Rhufain filain fas anaddas, ddiras ddydd.

12.
Y gwrda pêr laferydd

Huw Morys

Y gwrda pêr laferydd a'r teulu pur eu crefydd,
I'r dyrnas deg yn digwydd, mae newydd dedwydd da,
Yng nghysgod un brenhinbren, cawn ochel rhyfel Rhufen
4   Ac yfed o'r winwdden, a hefyd hufen ha'.

Hawdd iawn y flwyddyn yma yw bwrw galar gaea',
Gan oerni ac ofn rhyfela ac arswyd, rhedfa rhod,
Wrth gofio'r holl gafode y gwaeniwn, gwenwyn gwine,
8   A'r gwynt yn tynnu'r toie, da'r haedde Glame glod.

Er oered a fu'r flwyddyn, er maint a fu'r ofn a'r dychryn,
Ni a gowson well na'n gofyn, ni chollodd un dyn waed,
Mae'r chwerw chwyn yn toddi oedd gedyrn yn ymgodi
12 Trwy ddirgel ymgynghori i'n torri oddi ar ein traed.

Cynhesrwydd bendigedig a gawd er gwyliau'r Nadolig
Trwy ffyniant ffydd Gatholig, galennig lithrig lân,
Gwresogrwydd trugaredde o'r nefoedd a ddisgynne
16 I'n cadw rhag dialedde y cledde tene o'r tân.

Am heddwch a thangnefedd a phob rhyw o ddonie peredd,
I'r Tad y rhown anrhydedd, a mowredd a fo i'r Mab,
Ein Harglwydd Dduw a addolwn, ac yntho Fo'r ymddiriedwn,
20 Y mae hyn yn well defosiwn na disgwyl pardwn Pab.

Codwch i fyny'r meibion, a gwyliwch fynd i'r Werddon,
Mae yno impie perion chwaryddion chwerwon chwith,
A'r merched, codwch chwithe i drwsio croeso i Glame,
24 Sy'n cadw'r hen ddefode a'i liwdeg flode flith.

Y gŵr a'r wraig fwyneidd-dro da'u 'mynedd, rwyf i'n dymuno,
Y fendith fyth a lwyddo a urddo'ch dwylo'ch dau,
Hir iechyd a thangnefedd llawenydd a fo i'ch annedd,
28   Ni a gowson groeso mwynedd y llynedd i'n gwellhau.

Y gŵr a'r wraig dda, cysgwch, iachus foddus a fyddwch,
Gobeithio y cewch chwi heddwch i'ch tegwch yn eich tai,
I'ch helpu o gasglu cywaeth, a phob daearol doraith,
32   Mamaeth ddedwydd odiaeth i ysmoniaeth yw mis Mai.

Y byrdwn:
Ein Harglwydd a ddanfone Wiliam ddinam ddonie
I dderbyn uwch ein penne â'i gledde dehe da,
A drefno i Gymru a Lloeger a Sgotland, moliant maeler,
36   A'r Werddon tan ei faner cyn diwedd hanner ha'.

13.
Y teulu teilwng grasol

Huw Morys

Y teulu teilwng grasol â'r donie da blodeuol,
Y costwm pêr arferol amserol yma a sai',
Diofer ydyw dyfod i'ch annedd lawnwych hynod
4 Â miwsig wedi'i ymosod i ganu mawrglod Mai.

Er clowed cant yn grwgnach am foethus fyd helaethach,
Ni fu erioed flwyddyn decach ar dyciant i bob rhai,
Fo brifia pob eginyn o ffrwyth, a phob planhigyn,
8 Pob gwreigdda fydd yn chwerthin wrth drin ymenyn Mai.

Nid casglu aur i rydu nac arian i'w pentyrru
A ddyle ddyn fwriadu, nid gweddus gwadu'r gwir,
Pwy bynnag a fydlono i gymryd a ddanfono,
12 Ni edy'r Arglwydd mono gan hyn i gwyno'n hir.

Er bod y gwartheg culion yn pori heb ddim atporion,
Cymeryd llai na digon sy gyfion eisie i'w gael,
Gwyliwn anobeithio, ni chaeodd Duw mo'i ddwylo,
16 Ceisiwn Ei ddad-ddigio i'n helpio, Frenin hael.

Gweddïwn Dduw 'm mhob cornel mewn hyder am ein hoedel,
Fo a'n ceidw ni yn ddiogel rhag rhyfel, drafel drom,
Ac ni allwn drwy weddïo gael glaw anghenraid wrtho,
20 Gael ŷd a gwair i'w gyweirio drwy wlitho daear lom.

Na chwynwn rhag drudanieth, ymendiwn ein llyfodreth,
A byddwn byw dan obeth, mae'r llunieth ar wellhad,
A greto i Dduw a'i Efengyl, er amled a fo'i hepil,
24 Caiff ddigon yn ddiymbil i'w hylwydd hil a'i had.

Codwch i fyny'r meibion, a'r gonest ferched gwnion,
Cewch gennyf i newyddion y brif, blanhigion braf:
Gostwng a wna'r farchnad rhwng pob gwas glân a'i gariad,
28 A dyddio fydd diweddiad cynhyrfiad cynnar haf.

Ein harfer ni bob Clame yw dewis duwiol deie,
A chanu mawl ddifryche o flaen eu drysie heb drais,
Pei basech heb ein llithio, ni ddoethom ni yma heno,
32 Wel dyma'r gair yn gwirio lle caffo Cymro'r cais.

Y byrdwn:
Y gŵr a wnaeth yr hollfyd a phob peth sydd ynddo'n symud,
A'u lluniaeth hoywfaeth hefyd, gwir wnfyd, â'i law gref,
A gatwo'n brenin breiniol mewn cyflawn ras tyrnasol
36 I ymddiffyn ffydd Gris'nogol, dawn urddol, dan y nef.

14.

Y duwiol deulu mwynion

Huw Morys

Y duwiol deulu mwynion, mewn gorchest onest union,
Fo ddarfu'r dyddie blinion, cawn dirion hinon haf,
Daw Clame teg ei flode bob dydd â deunydd donie,
4   Ac iechyd i'r ddwyfronne llei roedd calonne claf.

Agorwch yn drugarog! Fo ddaeth yr ha' at y rhiniog,
Mae dail ar goedydd brigog a'r haul yn wridog wres,
I borthi'r buchod blithion ymysg myriallu a meillion,
8   Daw Duw â theg anrhegion: gwlith Hermon, glaw a thes.

Y gaea' a'r gwaenwyn caled oedd filen i 'nifeilied,
I'r gwenied roedd y carlied diymwared o'r un modd,
Er cimin fu'r cyfyngdra, mae'r Arglwydd digybydd-dra,
12   I borthi'r byd â bara, yn rhannu rhydda' rhodd.

Mae achwyn mawr yleni rhag talu tyrnged trethi,
A rhegi'r sawl sy'n peri ein tlodi, codi cas,
Fe fydde hawdd i'r brenin yn ddigost ein hymddiffyn,
16   Pei ceisie pawb ar ddeulin blanhigyn gwreiddyn gras.

Os barnwn drwy gyfiownder, mae'r byd yn well o lawer
Na'r bobl sydd i'w arfer drwy daerder, ofer yw,
Gwell gan rai ragrithio a byw drwy wan obeithio
20   Na cholli awr o wethio i weddïo ar Dduw.

Dychwelwch ac na phechwch mewn gole na dirgelwch,
Gweddïwch, chwi a gewch degwch, Duw'r heddwch a dry'r hin,
I arwain y cenhedloedd i ofni Brenin nefoedd,
24   Mae'n rhaid ar dir a dyfroedd fod rhai blynyddoedd blin.

Y merched, dowch i'r dyrfa, a'r meibion irion oera',
Gwres yr ha' a'ch cynhesa, a minne a gana' gainc,
Diofalach, pe dôi filoedd, gydchware 'm min mynyddoedd
28   Na mentro i yfed gwinoedd i ffeind ddyffrynnoedd Ffrainc.

Y gŵr a gâr ddiddigrwydd, a'r wreigdda'n un greadigrwydd,
Duw ro ichwi flwyddyn ddedwydd yn dawel dowydd da,
Yr Arglwydd a'ch bendithio, a'ch tŷ a'ch tolwyth yntho,
32   Llei cowsom barch a chroeso cyn heno'n canu ha'.

Y byrdwn:
Duw, cadw Eglwys Loeger i fyny dan dy faner,
Un ffydd â Phaul a Pheder a'r dduwiol arfer dda,
A'n Brenin Wiliam eglur i fynd o flaen ei filwyr
36   Yn erbyn ei wrth'nebwyr drwy synnwyr Iosuwa.

Nodiadau

Mae safon y testunau llawysgrif yn gyffredinol ardderchog. Ceir rhai problemau yn achos rhifau 3 a 9. Diweddarwyd yr orgraff ac ychwanegwyd atalnodi, ond cadwyd ffurfiau amrywiol er mwyn cyfleu mor agos â phosibl arddull lafar y cerddi. Ni chysonwyd terfyniadau tafodieithol ac eithrio yn achos cerddi Huw Morys, lle na cheir ond ychydig enghreifftiau yn y llawysgrifau o -*au*, -*aidd* ac -*aeth*, ac fe'u newidiwyd i gyd yn -*e*, -*edd* ac -*eth*. Gwelir troi -*ei*- yn -*e*- weithiau yng ngherddi Huw (*enioes*, *gwenied* ac ati), sy'n nodwedd achlysurol hyd heddiw ar dafodiaith Dyffryn Ceiriog. Codwyd yr holl wybodaeth am y llawysgrifau a'r copïwyr o Daniel Huws, *A Repertory of Welsh Manuscripts and Scribes c.800–c.1800* (tair cyfrol, Aberystwyth, 2022).

BL	Llawysgrif ychwanegol yng nghasgliad y Llyfrgell Brydeinig
c.	*circa*, tua
cf.	cymharer
d.g.	dan y gair
GPC	*Geiriadur Prifysgol Cymru*
LlGC	Llyfrgell Genedlaethol Cymru

1. Gwŷr, gwragedd mwyn tirion *gan Siôn ab Ifan Grythor*

Diogelwyd yr unig gopi yn LlGC 7191B, 162^v, yn llaw Dafydd Hwmffre o Benegoes, i bob golwg. Ceir yn y llawysgrif gasgliad o gywyddau ac, yn bwysicach, o ganu ar fesurau anhraddodiadol a gofnodwyd c.1679–92, yn cynnwys testunau unigryw o wyth carol haf gynnar. Y garol haf hon wrth enw Siôn ab Ifan Grythor yw'r gynharaf ar glawr.

Mydryddir y flwyddyn 1625 yn y pennill olaf ond dau, sy'n golygu bod y gerdd wedi ei chanu ychydig dros fis wedi marwolaeth Iago I ar 25 Mawrth y flwyddyn honno. Ei fab, y brenin newydd Siarl I, a fendithir yn llinellau 65–8. Mae'n debygol fod cefnogaeth ymhlyg yn y gerdd i bolisi'r tad a'r mab o blaid cynnal difyrrwch cyhoeddus ar y Sul – yn cynnwys pan syrthiai ar galan Mai ac ar ddyddiau gŵyl eraill – a gyhoeddwyd yn 1618 ar ffurf datganiad cenedlaethol a elwir Llyfr y Chwaraeon ('The Book of Sports'). Roedd calan Mai 1625 ar ddydd Sul. Trafodir yn y Cyflwyniad arwyddocâd yr ailadrodd a welir yn llinellau 16, 20 a 24.

Ychydig iawn sy'n hysbys am y bardd, ac yn LlGC 7191B yn unig y gwelir ei gerddi. Ef, o bosibl, a ganodd gerdd anghyflawn am effaith y pla ar y Drenewydd yn 1638 a gofnodwyd ar dudalennau olaf y llawysgrif. Ceir golygiad o'r garol haf ac o'r gerdd honno gan Nesta Lloyd yn *Blodeugerdd Barddas o'r Ail Ganrif ar Bymtheg*, tt. 100, 212, a gw. y nodyn ar d. 403.

1.68 Nestor. Brenin Pylos ym mytholeg Groeg. Cafodd fyw am deiroes dyn drwy ffafr Apolo, duw'r haul, cf. 7.13.

2. **Deffrowch, foneddigion** *gan Siôn ab Ifan Grythor*

Yr unig garol haf arall wrth enw Siôn. Fel y gerdd flaenorol, cofnodwyd yr unig gopi yn LlGC 7191B, 275ʳ. Ni fydryddir y flwyddyn, ond y mae'r mynych sôn am henaint ac angau'n awgrymu'n gryf mai hon yw'r ddiweddaraf o'r ddwy.

2.8, 11 hin. Enw gwrywaidd yma, ond enw benywaidd fel rheol ac yn GPC.

2.14 mulod. Dyma ddarlleniad y llawysgrif, ond byddai *milod* 'anifeiliaid' yn fwy synhwyrol, efallai.

2.39 himpie. Yr egin planhigion a gasglai'r merched i harddu'r tŷ ac, yn drosiadol, y meibion a ddenid gan yr addurniadau hynny, onid y merched eu hunain, gw. GPC d.g. *imp* (a), (b); cf. chwarae geiriol tebyg yn ll. 50.

2.41 hen ormes. Mewn geiriau eraill, niwsans o fardd bwyteig! Cf. cywydd dychan Syr Siôn Leiaf i *dair gormes* yn llys y deon Rhisiart Cyffin ym Mangor, sef Guto'r Glyn, Hywel Grythor a Gwerful Mechain, gw. f'erthygl yn *Dwned*, 17 (2011), 73–118.

2.50 bwa. Arf y milwr a gwialen a thant y crythor, mae'n debyg, cf. ll. 39.

2.60 Mae testun y llawysgrif yn ddiffygiol o ran ystyr ac o ran gofynion y mesur: *Duw yr helaith mwy rhwyddaith ai rhoddo*. Tebyg bod *rhwyddach*, sy'n cwblhau'r odl gyrch, wedi troi'n *rhwyddaith* o dan ddylanwad *helaith*, ond anodd iawn cynnig diwygiad synhwyrol.

3. **Bonyddigion a chyffredin** *gan Wmffre Dafydd ab Ifan*

Ceir yr unig gopi llawysgrif yn BL 14893, 17ʳ, testun a gofnodwyd gan y bardd ei hun, o bosibl, rhwng 1645 ac 1647. Ynghyd â cherdd rhif 4, mae'n un o ddwy garol haf a argraffwyd gan Foulk Owen yn *Cerdd-lyfr* ([Rhydychen], 1686, t. 143), ac mae'n debygol iddo godi testun y gerdd o BL 14893. Ddegawd yn ddiweddarach, ailwampiwyd *Cerdd-lyfr* o dan yr enw *Carolau a Dyriau Duwiol* ([Amwythig], 1696) gan Thomas Jones yr Almanaciwr, lle ailgyhoeddwyd y ddwy garol haf (tt. 265, 271) ac ychwanegu atynt ddwy arall, y naill gan Siôn Rhydderch a'r llall gan Richard Abraham. Atgynhyrchwyd testun BL 14893, gydag amrywiadau o *Carolau a Dyriau Duwiol*, gan Brinley Rees, *Dulliau'r Canu Rhydd 1500–1650*, t. 219.

Mae testun y llawysgrif mewn cyflwr gwael ac yn ddrych o amgylchiadau ei greu. Roedd Wmffre Dafydd yn henwr pan ganodd y gerdd yn 1645 (mydryddir y flwyddyn yn llinellau 60–4), a bu farw lai na dwy flynedd yn ddiweddarach, ym mis Ionawr 1647. Llaw grynedig, ansicr a welir yn y llawysgrif, un sy'n cymysgu'n aml rhwng *t* a *d*, *c* ac *g* a gwahanol lafariaid ac yn hepgor llythrennau ac ambell air, hyd yn oed, diffygion y ceisiodd Foulk Owen a Thomas Jones eu cywiro, ond heb lawer o lwyddiant.

Nid henaint yn unig a lesteiriai Wmffre Dafydd, fodd bynnag, oherwydd y mae cyflwr drylliedig y testun yn gydnaws hefyd â'r chwithdod sydd yn y gerdd, lle troir llawenydd yr haf yn wrthbwynt i ddinistr y Rhyfeloedd

Cartref. Erbyn calan Mai 1645, aethai'n agos at dair blynedd o ryfela heibio rhwng y brenhinwyr a'r seneddwyr, ac roedd lluoedd y *gwir ddilladog frenin* Siarl I (ll. 57) yn prysur golli tir. Ar 2 Gorffennaf 1644, enillodd y seneddwyr frwydr fwyaf y Rhyfeloedd Cartref ym Marston Moor yn swydd Efrog, ond y mae'n debygol fod delweddau treisgar y gerdd wedi eu hysgogi gan frwydro'n nes at gartref y bardd yn Llanbryn-mair, lle roedd Wmffre Dafydd yn glochydd.

Er i'r brenhinwyr ennill tir yn y canolbarth yn 1644 – cipiodd Tomas Miltwn Drefaldwyn ym mis Medi a Chastell Powys ar 2 Hydref – aeth pethau'n ddrwg iddynt yn nyffryn Dyfi'n fuan wedyn. Llosgodd y seneddwyr nifer o dai yn yr ardal ar 29 Tachwedd, yn cynnwys Mathafarn, cartref y brenhinwr pybyr Rowland Pugh, a fu farw lai na mis yn ddiweddarach ar 26 Rhagfyr. Ond roedd arswyd y brenhinwyr ar y wlad hefyd pan osododd Charles Gerard ei fyddin yn y Drenewydd am bythefnos ym mis Mawrth 1645 er mwyn hel milwyr a chyflenwadau, 'provoking complaints', yng ngeiriau'r cofnod arno gan Ronald Hutton yn y *Dictionary of National Biography*, 'of brutality unusual for a local field commander.' Dyma gyd-destun digalon y garol haf hon a ganwyd ryw fis yn ddiweddarach, ac nid oes ryfedd fod dyheu am heddwch yn nodwedd amlwg arni.

Ar y bardd, gw. ysgrif gan Iorwerth C. Peate, *Ym Mhob Pen ...* (Llandysul, 1948), t. 77; a sylwadau Enid Pierce Roberts yn 'Darfod ac Ailddechrau', gw. Gruffydd Aled Williams (gol.), *Ysgrifau ar Lên a Hanes Powys gan Enid Pierce Roberts* ([Caernarfon], 2022), t. 169.

3.4 Ceir deg sillaf yn llinell olaf pob pennill arall, ond deuddeg fan hyn, ac ni chwblheir yr odl gyrch. Gellid hepgor *tawel* ac, os derbyn *tyner*, tybed ai berfau ar y ffurf orchmynnol amhersonol *-er* a geid yn wreiddiol yn y drydedd linell?

3.6 gleision. Nid yw *glasu yn leision* yn rhyw synhwyrol iawn, a cf. *gleision* eto yn y llinell nesaf. Efallai fod y darlleniad gwreiddiol wedi ei adfer yn *Cerdd-lyfr*, sef *lwyswedd*.

3.18 o'i rad. Dan ddylanwad yr un geiriau yn y llinell flaenorol. Llygriad o rywbeth tebyg i *a'i ras*, mae'n siŵr.

3.17–24 Ni cheir y ddau bennill hyn yn *Cerdd-lyfr*.

3.29 brys. Rhoddai *pres* gynghanedd sain yn ail gymal y llinell, gw. GPC d.g. *pres*² 'gwasgfa, gorthrwm, ymsang, tyrfa'.

3.30 gorthrwm. Diwygiwyd darlleniad y llawysgrif *oerthrwm*.

3.35 ein. Gwell *a*, efallai, fel yn *Cerdd-lyfr*.

3.40 teg. Mae'n eisiau yn y llawysgrif, ond cf. llinellau olaf y pennill blaenorol a'r ddau nesaf.

3.41 ysigfrain. Gellid *cigfrain*, ond y mae 'brain sy'n briwo/malu' yn ddigon synhwyrol, cf. GPC d.g. *ysigwr* 'malwr'.

3.44 A hyn ar lân dymhore. Gwall, mae'n rhaid,

yn sgil ailadrodd yr un llinell olaf ar ddiwedd y ddau bennill blaenorol, oherwydd nid atebir yr odl gyrch, cf. ll. 48. Gellid *tymyr* rywsut, sef 'hinsawdd, tywydd, bro, gwlad'.

3.45 ymfetio. Nis ceir yn GPC, ond cf. *betiaf*[1] 'digio', *betiaf*[2] 'hapchwarae', *baetiaf* 'poenydio'.

3.48 Ailadrodd yr un diweddglo eto, ond y mae'r odl gyrch yn eisiau, cf. ll. 44. Gellid *tymhoredd* 'tymherus, mwyn'.

3.50 gerain. Diwygiwyd darlleniad y llawysgrif *grian*.

3.52 mwynedd tirion. Ceir *tirion mwynedd* yn y llawysgrif, efallai am fod y trawiad cynganeddol wedi dwyn *toriad* a *tirion* ynghyd. Rhaid i *mwynedd* ddod gyntaf er mwyn cwblhau'r odl gyrch ar y seithfed sillaf.

3.54 trefydd mawr yr awrhon. Diau fod *trefydd* yn wall, cf. yr un gair yn ll. gyntaf y pennill. Gellid *terfysg*. Anodd gwneud pen na chynffon o ddarlleniad y llawysgrif *mae arwydd hwiliaeth i thai*.

3.57 ein gwir ddilladog frenin. Siarl I, a fu'n frenin o 1625 i 1649.

3.61 a phump a deugien. Ceir *deg a deugain* yn *Cerdd-lyfr*, ond roedd Wmffre Dafydd yn ei fedd yn 1650.

3.68 Disgwylid i'r odl gyrch syrthio ar y seithfed sillaf, fel yn y penillion eraill, ond efallai fod y byrdwn yn fwriadol wahanol.

4. Yr hwsmyn, weithian codwch *gan Edward Rowland*

Diogelwyd yr unig gopi llawysgrif yn Peniarth 153 (*c*.1685–98), t. 211, yn llaw Owen Gruffydd o Lanystumdwy. Roedd copi yn *Cerdd-lyfr* Foulk Owen (1686) ar ddalennau sydd bellach ar goll, un o ddwy garol haf a gyhoeddwyd yn y gyfrol honno; am y llall, gw. y gerdd flaenorol. Gw. Meredydd Evans, 'Dirgelwch y dalennau colledig', *Y Casglwr*, 37 (1989), t. 16. Ceir copi hefyd yn *Carolau a Dyriau Duwiol* Thomas Jones (1696), t. 265.

Roedd Edward Rowland o'r Bala yn ei flodau o 1660 ymlaen, a bu farw yn 1682/3. Bu'n athro barddol i Siôn Dafydd Laes (cerdd rhif 11) pan oedd hwnnw'n ifanc, a cheir cerddi eraill ganddo yn *Carolau a Dyriau Duwiol*. Mydryddir y flwyddyn 1667 yn llinellau 69–72.

4.5 Fflora. Duwies Rufeinig y blodau a'r gwanwyn.

4.20 codan'. Un ai 'codant' neu'r eiddunol 'boed iddynt godi'. Diwygiwyd o *coda*.

4.31 rhwydd. Diwygiwyd darlleniad y llawysgrif *rhwdd*. Gellid hefyd *rhwth* 'helaeth, cynhwysfawr'.

4.33–6 Gw. Mathew 24.29–51, a cf. Marc 13.24–37, Luc 21.25–36 ac, i raddau llai, Luc 13.6–9. Darllener llinellau 47–8, 53–60 yn yr un golau. Gw. hefyd llinellau 47–8 isod.

4.38 Phebws. Enw arall ar Apolo, duw'r haul ym mytholeg Groeg a Rhufain.

4.41–4 Gw. Diarhebion 6.6–11, 30.25.

4.44 pryd angel, metel Mai. Mae'r trosiad am y morgrugyn yn chwithig, ar un olwg, ond noder bod brenhines y rhywogaeth a rhai mathau o wrywod yn hedfan o'r nyth i baru ddiwedd y gwanwyn a dechrau'r haf. Rhoir *metel* gyda *Mai* yma, 'anian, natur Mai', ond gellid ei roi gyda'r trosiad hefyd, gan fod corff y morgrugyn fel arfwisg ddur.

4.66 Enog. Tad Methwsela. Bu fyw am 365 o flynyddoedd, gw. Genesis 5.21–4.

4.67 Aron. Y proffwyd, brawd Moses, gw. Llyfr Exodus o bennod 4 ymlaen.

4.71 brenin. Siarl II.

5. **Y duwol deulu llawen** *gan Huw Morys*

Ceir copi o'r gerdd yn Cwrtmawr 231 (*c*.1678–87), t. 75, yn llaw gŵr o'r enw Thomas Jones a oedd, i bob golwg, yn byw yn yr un drefgordd â'r bardd, sef y Rhiwlas ym mhlwyf Llansilin. Ynghyd â'r gerdd nesaf, mae'n un o ddwy garol haf a geir yn y llawysgrif honno. Cododd Dafydd Marpole y testun i Cwrtmawr 225, t. 48, rhwng 1775 ac 1780.

Ni fydryddir y flwyddyn yn y gerdd, ond enwir yn ll. 31 y brenin Siarl II, a fu'n teyrnasu o 1660 i 1685. Cafwyd yn ystod ei deyrnasiad ddau ryfel rhwng Lloegr a'r Iseldiroedd, a enwir yn ll. 23, y naill rhwng 1665 ac 1667 a'r llall rhwng 1672 ac 1674, ond gan fod y bygythiad o ryfel yn beth digon cyffredin mewn cyfnodau o heddwch hefyd, ni ellir dyddio'r gerdd yn fanwl.

Roedd Huw, fel mwyafrif helaeth ei gyd-Gymry, yn frenhinwr i'r carn, ac roedd adfer Siarl II i'r orsedd yn 1660 yn destun llawenydd iddo. Am anterliwt sydd wrth ei enw lle dramateiddir digwyddiadau cythryblus y Rhyfeloedd Cartref a'r Werinlywodraeth *c*.1639–1660, gw. Ffion Mair Jones (gol.), *Y Rhyfel Cartrefol* (Bangor, 2008).

5.2 tonnen las. Cf. y cyfuniad yn yr ystyr '*greensward*' yn GPC d.g. *tonnen*^{2}.

5.9 gwlith Hermon. Gw. Salmau 133.3 (am fendithion Duw) 'Mae fel gwlith Hermon yn disgyn ar fryniau Seion.'

5.15 dan ganu. Gw. y cyfuniad *tan ganu* gyda'r ystyr 'yn ddidrafferth' yn GPC d.g. *canaf*.

5.31 Chiarls. Siarl II.

6. Y duwiol deulu diddan *gan Huw Morys*

Yr ail garol haf a gofnodwyd gan Thomas Jones yn Cwrtmawr 231, t. 152 (gw. hefyd y gerdd flaenorol). Ceir copi gan Dafydd Marpole yn Cwrtmawr 225, t. 80. Ni fydryddir y flwyddyn yn y gerdd, ond enwir yn ll. 29 y brenin Siarl II, a fu'n teyrnasu o 1660 i 1685.

6.7 chware barli. Darlun byw o'r ŵyn yn galw am hoe o'u prancio i gael llymaid llaeth. Hon yw'r enghraifft gynharaf o lawer o'r gair *barli* yn yr ystyr 'cadoediad, saib (mewn gêm blant)' yn Gymraeg ac yn Saesneg, gw. GPC d.g. *barli, parli*; *Oxford English Dictionary* d.g. *parley*^{1} 2 (b).

6.20 gŵyl Fair. Ar yr ail o Orffennaf.

6.29 Brenin Siarlas. Siarl II.

7. **Y teulu â'r teilwng fowyd** *gan Huw Morys*

Cadwyd yr unig gopi yn Cwrtmawr 222 (1727–*c*.1751), t. 34^r, yn llaw Rhisiart Ffowc o drefgordd y Rhiwlas ym mhlwyf Llansilin. Yn ogystal â'r ffaith ei fod yn gymydog i Huw Morys, cofnododd Rhisiart lawer o'i gerddi a cheir yn Wynnstay 5, t. 144 (*c*.1700–6), ddau englyn mawl iddo yn llaw Huw. Canodd Huw gerddi hefyd i'w dad Ffowc ac i'w daid, Rhisiart Ffowc yr hynaf. Mae'r gerdd yn un o wyth carol haf gan Huw a ddiogelwyd gan Risiart yn Cwrtmawr 222, yn cynnwys rhifau 10 a 14 yn y gyfrol hon. Ni fydryddir y flwyddyn yn y gerdd, ond enwir yn ll. 31 y brenin Siarl II, a fu'n rheoli o 1660 i 1685.

7.11 Glyn Ebron. Bro ddiarhebol o ddymunol. Credid mai yno'r oedd Gardd Eden. Meddai pennill cyntaf 'Yr Awdl Fraith', un o gerddi'r 'Ffug Daliesin':

> Ef a wnaeth Panton [h.y. Duw]
> Ar lawr Glyn Ebron
> Â'i ddwylo gwynion
> Gwiwlun Adda ...

7.13 gwlith Hermon. Gw. 5.9. **Apolo**. Duw'r haul ym mytholeg Groeg a Rhufain.

7.18 Fflora. Gw. 4.5.

7.22 Coel gwerin, y syrthiai'n glaf neb a gysgai'n hwyr ar fore'r cyntaf o Fai.

7.23 hedydd. Fel y carolwyr haf, mae'r ehedydd yn foregodwr soniarus gyda'r cynharaf.

7.30 yn winoedd ddŵr a wnaeth. Gw. Ioan 2.1–11.

7.31 Charls. Siarl II.

7.32 Daniel. Gw. wythfed bennod Llyfr Daniel.

8. Y gŵr a gâr lawenydd *gan Huw Morys*

Ceir dau gopi, y naill yn LlGC 14701D (1682), 16^r, yn llaw John Maurice o Fodlith i'r gogledd o Lansilin, a'r llall yn Cwrtmawr 129 (*c*.1760–2), t. 12, yn llaw Marged Dafydd o Drawsfynydd. Mae'n debygol fod y naill yn gynsail i'r llall, ond y mae rhai mân amrywiadau'n awgrymu bod y testun wedi ei drosglwyddo ar gof. Ni fydryddir y flwyddyn yn y gerdd, ond gwelir y flwyddyn 1682 yn nheitl y gerdd yn Cwrtmawr 129. Fe'i collwyd yn sgil traul, i bob golwg, yn LlGC 14701D. Enwir y brenin Siarl II yn llinell 29.

9. Drwy'r annedd, bawb, dihunwch! (*anhysbys*)

Ni cheir ond un copi, yn Cwrtmawr 215 (*c*.1688–1707), t. 80, yn llaw ddryslyd Hywel Tanad o Drewylan Isaf ym mhlwyf Llansanffraid-ym-Mechain. Mae cyflwr carbwl y testun, sy'n ddienw, yn awgrymu nad ef oedd y bardd. Camrannodd rai geiriau a sillafu eraill yn groes i reswm. Bu'n rhaid gadael bylchau yn y testun golygedig gan na lwyddwyd i wneud pen na chynffon o'r darlleniadau hyn: 2 *my^{a}lian ddoeth*; 9 *berredd*; 22 *fidd*; 23 *yn mirie yr morodd dre*; 34 *tereuodd*; 46 *y* *duwnie*; 56 *tacin*. Eto i gyd, fe welir bod y rhan fwyaf o'r testun yn ddigon dealladwy. Ni nodir y byrdwn yn y llawysgrif.

Pwy bynnag oedd y bardd, bu'n llygad-dyst i'r rhew mawr a fu yn Llundain yn ystod gaeaf 1683–4, pan rewodd afon Tafwys nes medru cynnal ffair fawr am wythnosau ar wyneb yr iâ. Sonnir yn llinellau 25–8 am yrru cerbydau ar wyneb yr afon, am brynu a gwerthu ac am godi adeiladau ac, yn ôl llinellau 29–32, clywyd sôn hefyd ei bod yn fain ar bobl yng Nghymru am flawd ac, yn bwysicach efallai, am y *bire a'r cwrw a'r sheri*! Am gofnod diddorol gan John Jones Gellilyfdy am rew eithafol arall yng ngaeaf 1606–7, gw. <www.geiriadura.cymru> Ann Parry Owen, '1607: gorlifiad Bryste, seren gynffonnog a thywydd eithafol' (2022).

9.2 […] Ddoeth. Mae'n bosibl fod darlleniad y llawysgrif *my^{a}lian* yn llygriad o *Naaman*, prif swyddog brenin Syria y gorchmynnodd Eliseus iddo ymolchi seithgwaith yn afon Iorddonen er mwyn ei wella o'r gwahanglwyf, gw. 2 Brenhinoedd 5. Diolchir i Ann Parry Owen am yr awgrym.

9.12 dal i'w gilydd dant. Gw. y cyfuniad *dal tant* 'rhincian, ymryson' yn GPC d.g. *daliaf*.

9.26 mi wn. 'Tybiwn i, mentraf ddweud', gw. y cyfuniad yn GPC d.g. *gwn*^{2}.

9.28 wedi'u preintio i'n bro. Diwygiad petrus o *wedu breintio un bro*, gw. y ffurf amrywiol *preintio* yn GPC d.g. *printiaf*.

9.29 cyfreidieth. Nis ceir yn GPC, ond cf. *cyfraid* 'rhaid, gofyn, angen'.

9.33 erwyn. Sef 'ffyrnig', gw. GPC d.g. *erwyn*[1], ond cf. hefyd *erwyn*[2] 'gwyn iawn, purwyn'.

9.49–52 Gofynnir yma am fendith Duw ar Siarl II, a melltith ar y rhai a ddienyddiodd ei dad Siarl I. Er dymuno hiroes iddo, bu farw Siarl II lai na blwyddyn wedi canu'r gerdd, ar 6 Chwefror 1685.

9.58 rhowiog. Rhaid mai 'llyfn, cryf' yw'r ystyr yma, cf. GPC d.g. *rhywiog* (b).

10. Y teulu â'r teilwng drigfa *gan Huw Morys*

Diogelwyd yr unig gopi yn llaw Rhisiart Ffowc yn Cwrtmawr 222, 33ᵛ. Arno ef a'r llawysgrif, gw. y nodyn ar gerdd rhif 7. Ni fydryddir y flwyddyn ac nid enwir y brenin ond, a dilyn y nodyn isod ar linell 23, mae'n debygol fod y gerdd wedi ei chanu yn 1684.

10.3 Hermon. Gw. 5.9.

10.23 a chofiwch gowrt Llanelwe. Ar 4 Gorffennaf 1683, cynhaliodd yr esgob William Lloyd synod yn eglwys gadeiriol Llanelwy lle cymeradwywyd gan gynrychiolwyr o bob plwyf yn yr esgobaeth gyfres o naw gorchymyn 'For the more decent and orderly administration of the holy offices', yn cynnwys un i gadw'r Sul, gw. LlGC SA/SB/1; D.R. Thomas, *The History of the Diocese of St. Asaph* (tair cyfrol, Oswestry, 1908–13), I, tt. 131–2.

10.29 brenin. Siarl II.

11. Ffarwél i'r gaeaf nychlyd *gan Siôn Dafydd Laes*

Diogelwyd yr unig gopi yn llaw'r bardd yn LlGC 3038B (*c*.1687–94), t. 342. Mydryddir y flwyddyn 1691 yn llinellau 45–6. Magwyd Siôn Dafydd Laes yn Llanuwchllyn, a bu'n ddisgybl i Edward Rowland o'r Bala (rhif 4). Bu farw Edward yn 1682/3, a gadawodd Siôn Dafydd Feirionnydd yn fuan wedyn – yn ôl pob tebyg yng nghwmni ei ail athro, Edward Morris o'r Perthillwydion – a threulio pedair blynedd fel bardd teulu Tomas Mostyn yng Ngloddaith ar gyrion Llandudno. Ceir yn ei law bedwar englyn hudolus a ganodd ar galan Mai'r flwyddyn honno, ac awgrymodd Daniel Huws y dylid cysylltu'r sôn am fudo yn y llinell olaf â'r daith i Loddaith.

Nos glanmai dygai bob dawn — yn hygar
 A'u hegin yn ffrwythlawn,
Nos ddeiliog enwog uniawn,
Nos glir wyd, nos glauar iawn.

Nos cog lysieuog lwys awen — ddi-ail,
 Nos ddeiliog pob bedwen,
Nos Ebrill hynaws wybren,
Nos gŵr gwych, nos i garu gwen.

Nos dda, nos gyfa, nos gain — i filoedd
   O nifeilied bychain,
  Nos gariad eos gywrain,
  Nos cann bref, nos cywion brain.

Nos hyfryd i'r byd a'r bêl, — nos llinos,
   Nos llawenydd ffarwel,
  Nos brudd heb na chudd na chêl,
  Nos mudo, nos i ymadel.

Gwaith gŵr ifanc tua deunaw oed yw'r englynion, un a osodasai ddwy flynedd ynghynt enghreifftiau o'i waith ei hun yn ei law anaeddfed mewn copi o ramadeg barddol Simwnt Fychan ac a oedd, i bob golwg, wedi mopio'i ben ar y traddodiad barddol. Dychwelodd Siôn Dafydd i Feirionnydd naill ai yn 1686 neu yn 1687, ac roedd yn fardd teulu tua chwech ar hugain oed yn Nannau ger Dolgellau pan ganodd ei garol haf yn 1691. Gwelir ôl yr addysg glasurol a gawsai yng Ngloddaith ar y cyfeiriadau at *Phœbws* (5) a *Neptunus* (29). Mae'n debygol hefyd iddo ddod i gyswllt yng Ngloddaith ac yn Nannau'n arbennig â beirdd a ganai'n aml ar fesur y garol haf ac ar fesurau anhraddodiadol eraill. Roedd Owen Gruffydd, bardd y ceir yn ei law'r unig gopi o garol haf Edward Rowland (rhif 4), yn un arall o feirdd Nannau.

Am destun yr englynion a mwy o lawer am y bardd, gw. Daniel Huws, 'Siôn Dafydd Laes: seren wib o fardd', yn Rhidian Griffiths (gol.), *Blodeuglwm: Ysgrifau i Anrhydeddu Lionel Madden* (Tal-y-bont, 2016), tt. 26–47.

11.5 Phæbws. Gw. 4.38.

11.25–8 Dychwelodd Wiliam III o Iwerddon Babyddol fis Medi 1690 wedi darostwng y rhan fwyaf o'r wlad, ond aeth y brwydro yn ei flaen hyd ddiwedd 1691 ym Munster a Chonnacht. Roedd William yn yr Hâg fis Chwefror 1691 yn ymgyrchu'n erbyn lluoedd y brenin Lewis XIV o Ffrainc, gw. ll. 39.

11.29 Neptunus. Duw Rhufeinig y moroedd.

11.39 anghenfil Ffrainc. Roedd yn gas gan y beirdd Lewis XIV frenin Ffrainc.

11.49–50 y brenin … / A'i frenhines. Wiliam III a Mari II.

12. **Y gwrda pêr laferydd** *gan Huw Morys*

Cofnodwyd yr unig gopi gan Ddafydd Hwmffre o Benegoes, i bob golwg, yn LlGC 7191B (*c*.1679–92), 228^r. Ar y llawysgrif, gw. y nodyn ar gerdd rhif 1. Ni fydryddir y flwyddyn, ond enwir yn ll. 33 y brenin Wiliam III, a fu'n rheoli o 1689 i 1702.

12.3 brenhinbren. Gw. ll. 33.

12.14 ffydd Gatholig. Y wir eglwys, mewn gwrthgyferbyniad ag eglwys y Pab, cf. *Gweledigaethau y Bardd Cwsg* Ellis Wynne, t. 37; carol haf Richard Abraham yn *Carolau a Dyriau Duwiol* Thomas Jones (1696), t. 283 'Duw cadw'n ddi drangcedig, / Ein Brenin yn Arbenig: / A theulu'r ffŷdd Gatholig: / Dy wŷnfŷdedig dai'.

12.33 Wiliam. Wiliam III.

12.36 hanner ha'. Gŵyl Ieuan ar 24 Mehefin.

13. Y teulu teilwng grasol *gan Huw Morys*

Ni cheir ond un copi, yn LlGC 1666B (*c*.1723–52), 214ʳ, yn llaw Rhisiart Ffowc. Arno, gw. y nodyn ar gerdd rhif 7. Ni fydryddir y flwyddyn ac nid enwir y brenin. Fodd bynnag, gwelir llinellau 13–20 mewn carol haf arall gan Huw a gofnodwyd gan Risiart Ffowc yn Cwrtmawr 222, 29ᵛ, a cheir tebygrwydd agos hefyd o ran llinellau 7–8 yn y ddwy gerdd. Nid oes syndod i Huw ailgylchu rhai penillion gan iddo ddilyn yr un patrwm pendant ym mhob un o'i garolau haf. Cyfeirir at Wiliam III ([*d*]*wbwl-uw ddaionus*) yn y gerdd sydd yn Cwrtmawr 222, sy'n awgrymu bod y gerdd yn LlGC 1666B hithau wedi ei chanu yn ystod teyrnasiad y brenin hwnnw, sef rhwng 1689 ac 1702. Ceir hefyd yn syth wedi testun y gerdd yn LlGC 1666B fyrdwn carol haf arall gan Huw a ganwyd yn 1689, y flwyddyn y daeth Wiliam i rym, cerdd a welir yn ei chyfanrwydd yn Cwrtmawr 222, 30ʳ.

13.8 ymenyn Mai. Menyn dihalen llesol, gw. y cyfuniad yn GPC d.g. *ymenyn*.

13.26 brif. Cynigir yn betrus 'gorchymyn o awdurdod', '*summons*', yn ysbryd y llinell flaenorol, gw. GPC d.g. *brif*. Os yr ansoddair *prif* ydyw, anodd iawn cyfiawnhau'r treigliad, a cf. y cyflythrennu ar ôl y gair.

14. Y duwiol deulu mwynion *gan Huw Morys*

Ceir copi yn llaw Rhisiart Ffowc yn Cwrtmawr 222, 29^r. Arno ef a'r llawysgrif, gw. y nodyn ar gerdd rhif 7. Argraffwyd y gerdd gan Ddafydd Jones o Drefriw yn *Blodeu-gerdd Cymry* yn 1759 (t. 295), yr unig un o garolau haf Huw Morys i ymddangos mewn print cyn cyhoeddi *Eos Ceiriog* (dwy gyfrol, Gwrecsam, 1823) dan olygyddiaeth Gwallter Mechain, lle gwelir y garol hon (II, t. 161) ac un arall sy'n dechrau *Y gwrda mwyn urddasol* (II, t. 158). Mae'r fersiwn a welir yno'n seiliedig ar destun *Blodeu-gerdd Cymry* ac, yn rhannol, ar destun Cwrtmawr 222. Dilynodd Gwallter ei drywydd ei hun, fodd bynnag, yn ll. 28, sy'n ddiffygiol yn *Blodeu-gerdd Cymry* yn sgil ailadrodd ll. 24 ar ddiwedd y pennill nesaf. Yn hytrach na defnyddio darlleniad dilys Cwrtmawr 222, lluniodd Gwallter linell newydd sbon: 'Nâ ymyryd ar y moroedd / I ffrwyno lluoedd Ffrainc!'

Ceir copi arall ar sail *Blodeu-gerdd Cymry* gan O.M. Edwards yn *Gwaith Huw Morus* (*Cyfres y Fil*), t. 102. Yn fwyaf diweddar, cododd Gwilym Bowen Rhys ddetholiad o destun *Eos Ceiriog* – gan ei ddiwygio a'i seciwlareiddio'n llwyr – i'w ganu ar alaw o'i eiddo ei hun, gw. trac 11 ar yr albwm *Arenig* (Erwydd, 2019). Ceir golygiad llawn o'r gerdd yn f'erthygl 'Carolau haf Huw Morys ac eraill o feirdd yr ail ganrif ar bymtheg', *Llên Cymru*, 45 (2022), tt. 114–19.

14.8 gwlith Hermon. Gw. 5.9.

14.35 Brenin Wiliam. Wiliam III.

14.36 Iosuwa. Olynydd Moses; arweiniodd yr Israeliaid i fuddugoliaeth wrth goncro Canaan, gw. Llyfr Josua.

Llyfryddiaeth Fer

I. GWAITH HUW MORYS

ab Owen [O. M. Edwards] (gol.), *Gwaith Huw Morus*, Cyfres y Fil (Llanuwchllyn, [1902]).

David Jenkins, 'Bywyd a gwaith Huw Morys (Pont y Meibion) (1622–1709)' (traethawd MA Prifysgol Cymru, 1948). Heb ei gyhoeddi.

Ffion Mair Jones (gol.), *Y Rhyfel Cartrefol* (Bangor, 2008).

W. D. [Gwallter Mechain] (gol.) *Eos Ceiriog, Sef Casgliad o Bêr Ganiadau Huw Morus, yn Ddau Lyfr* (Gwrecsam, 1823).

II. AMRYWIOL

Arfon Gwilym a Sioned Webb (goln.), *Canu Haf: Casgliad o Garolau Haf Traddodiadol* (Caernarfon, 2017).

Daniel Huws, *A Repertory of Welsh Manuscripts and Scribes c.800–c.1800* (Aberystwyth, 2022) (cyfrol II, t. 111).

Rhiannon Ifans, *Sêrs a Rybana: Astudiaeth o'r Canu Gwasael* (Llandysul, 1983).

Geraint H. Jenkins, *Literature, Religion and Society in Wales 1660-1730* (Caerdydd, 1978).

Idem, *Hanes Cymru yn y Cyfnod Modern Cynnar 1530-1760* (Caerdydd, 1983).

Nesta Lloyd, *Blodeugerdd Barddas o'r Ail Ganrif ar Bymtheg (Cyfrol I)* (Llandybïe, 1993).

J. C. Morrice, *Wales in the Seventeenth Century: Its Literature and Men of Letters and Action* (Bangor, 1918).

Thomas Parry, *Hanes Llenyddiaeth Gymraeg hyd 1940* (Caerdydd, 1945) (Pennod IX, 'Yr Ail Ganrif ar Bymtheg').

Idem, *Baledi'r Ddeunawfed Ganrif* (Caerdydd, 1935, 1986).

Eurig Salisbury, 'Fi a'm holl gymdeithion: golwg newydd ar farddoniaeth gaeth yr ail ganrif ar bymtheg', yn Aneirin Karadog ac Eurig Salisbury (goln.), *Y Gynghanedd Heddiw* (Tal-y-bont, 2020), tt. 46–61.

Idem, 'Carolau haf Huw Morys ac eraill o feirdd yr ail ganrif ar bymtheg', *Llên Cymru*, 45 (2022), 69–140.

T. H. Parry-Williams (gol.), *Llawysgrif Richard Morris o Gerddi, &c* (Caerdydd, 1931).

Iorwerth C. Peate, 'Heddychwr Cynnar', *Ym Mhob Pen ...* (Llandysul, 1948), t. 77 (Ysgrif ar Wmffre Dafydd ab Ifan).

Brinley Rees, *Dulliau'r Canu Rhydd 1500–1650* (Caerdydd, 1952).

T. R. Roberts, *Huw Morus (Eos Ceiriog) Ei Fywyd a'i Waith* (Casnewydd ar Wysg, 1910).

David Samwell, 'A sketch of the life and writings of Hugh Morris', *Cambrian Register*, I (1795), tt. 429–39.

Rhestr o Destunau Eraill

Carolau haf yr ail ganrif ar bymtheg nas ceir yn y gyfrol hon, ynghyd â'u ffynonellau. Ni olygwyd yr un ac eithrio rhifau 17 a 19, gw. f'erthygl 'Carolau haf Huw Morys ac eraill o feirdd yr ail ganrif ar bymtheg', *Llên Cymru*, 45 (2022), tt. 104–13. Argraffwyd fersiwn o rif 12 gan Wallter Mechain yn *Eos Ceiriog* (dwy gyfrol, Gwrecsam, 1823), II, t. 158.

1. *Cymru a Saeson ffyddlon ffydd* gan Wiliam Dafydd (1686), LlGC 7191B, 227^r (Dafydd Hwmffre, *c*.1679–92).

2. *Deffrowch yn deilwng deulu* gan John Rogers (1689), Bodewryd 3, t. 152 (Thomas Jones, *c*.1687–1700).

3. *Dihunwch, deulu hynod* gan Siôn Sgrifen o Feifod (1675), LlGC 7191B, 226^r (Dafydd Hwmffre, *c*.1679–92).

4. *Dihunwch, deulu hynod* gan Huw ab Efan o Gaercyrach (1680), LlGC Mân Adnau 56B, t. 256 (Marged Dafydd, 1738).

5. *Fel dyma'r ha' hirfelyn* gan Oliver Rogers (1692), LlGC 7191B, 235^r (Dafydd Hwmffre, *c*.1679–92).

6. *Gwŷr, gwragedd o bob gradde* gan fardd anhysbys (cyn *c*.1690), Cwrtmawr 238, 62^v (llaw anhysbys, *c*.1690).

7. *I foli'r Tad gogoned* gan John Rogers (1689–1700), Bodewryd 3, t. 152 (Thomas Jones, *c*.1687–1700).

8. *Rhowch gennad i lefaru* gan Huw Morys (dyddiad ansicr), Cwrtmawr 222, 28^v (Rhisiart Ffowc, 1727–*c*.1751).

9. *Trigolion, dynion downus* gan Siôn Rhydderch o Gemaes (1695), *Carolau a Dyriau Duwiol*, t. 276 (Thomas Jones yr Almanaciwr, 1696).

10. *Urddasol bendefigion* gan Richard Abraham o Lanrhaeadr-ym-Mochnant (cyn 1696), *Carolau a Dyriau Duwiol*, t. 280 (Thomas Jones yr Almanaciwr, 1696).

11. *Y gwrda mwyn bob munud* gan Huw Morys (dyddiad ansicr), Brogyntyn II.55, 35^r (llaw anhysbys, 17g.–hanner cyntaf y 18g.).

12. *Y gwrda mwyn urddasol* gan Huw Morys (1689), Cwrtmawr 222, 30^r (Rhisiart Ffowc, 1727–*c*.1751).

13. *Y gŵr a gâr lawenydd* gan Huw Morys (1689–1702), Cwrtmawr 222, 29^v (Rhisiart Ffowc, 1727–*c*.1751).

14. *Y gŵr â'r geirie mwynion* gan Huw Morys (dyddiad ansicr), Cwrtmawr 222, 33^r (Rhisiart Ffowc, 1727–*c*.1751).

15. *Y gŵr y gâr lawenydd* gan Huw Morys (dyddiad ansicr), LlGC 5261A, t. 12 (Thomas Gruffith, *c*.1697).

16. *Y teulu glân galonne* gan Huw Morys (1689–1702), Cwrtmawr 222, 29ᵛ (Rhisiart Ffowc, 1727–*c*.1751).

17. *Y teulu glân galonne* gan Huw Morys (1690), DRO DD/DM/533/1, 14ᵛ (llaw anhysbys, *c*.1690–5).

18. *Y teulu hael, cyfodwch* gan Ddafydd Hwmffre o Benegoes (1681), LlGC 7191B, 126ᵛ (yn llaw'r bardd, *c*.1679–92).

19. *Y teulu hyfryd haelion* gan Huw Morys (1679–98), Brogyntyn II.55, 33ʳ (llaw anhysbys, 17g.–hanner cyntaf y 18g.).

20. *Y teulu tirion foddion* gan Huw Morys (dyddiad ansicr), Brogyntyn II.55, 34ʳ (llaw anhysbys, 17g.–hanner cyntaf y 18g.).

21. *Yr howddgar deulu mwynedd* gan Thomas Rowland (1687), LlGC 7191B, 152ʳ (Dafydd Hwmffre, *c*.1679–92).

Geirfa

Allwedd

a.	*ansoddair*	*ebd.*	*ebychiad*
adf.	*adferf*	*e.g.*	*enw gwrywaidd*
ardd.	*arddodiad*	*e.ll.*	*enw lluosog*
b.	*berf*	*e.p.*	*enw priod*
cf.	*cymharer*	*gn.*	*geiryn*
cys.	*cysylltair*	*gof.*	*gofynnol*
e.b.	*enw benywaidd*		

adail *e.g.* adeilad, saernïaeth 4.11

adwyth *e.g.* drwg, pla 3.14

affeth *e.g.* effaith, trosedd 3.18

angen *e.g.* gofid, adfyd 1.11

amddigonant *b.* ymlenwant, ymddiwallant 8.7

amode *e.ll.* addewidion 7.16

anianol *a.* iawn, dros ben 1.78

arfer *b.* mwynhau, cymryd bwyd a diod 1.77, 6.25, 7.27

arga' *b.* dadleuaf 2.28

arliniwn *b.* penliniwn 3.22

atporion *e.ll.* sborion, gweddillion 13.13

awdurol *a.* awdurdodol 7.8

awydd *e.g.* trachwant 10.26

barli *e.g.* cadoediad, seibiant (mewn gêm blant) 6.7n

blith *e.g.* budd, mantais 12.24

blithion *a.* llaethog 14.7

boddus *a.* gweddus, gwâr 12.29

bonedd *a.* bonheddig 10.32

botho *b.* byddo 9.55

bothon' *b.* byddont 3.60

bowiog *a.* bywiog 1.39

braster *e.g.* cyflawnder, cyfoeth 4.68
breg *e.g.* brad, gwendid 11.36
brif *e.g.* gorchymyn o awdurdod 13.26n
browchus *a.* brawychus 10.15
bytho *b.* byddo 2.53, 57
calennig, cylennig *e.g.* rhodd 10.28, 12.14
calyn *b.* canlyn, dilyn 5.6, 11.28
canans *e.ll.* canons, magnelau 3.46
cane *e.ll.* caneuon 2.49
canlle *e.ll.* can llef 3.35
carlied *e.ll.* taeogion, cybyddion 14.10
carnosion *e.g.* blodyn 'carnation' 4.10
Celi *e.g.*, *e.p.* Nefoedd, Arglwydd 2.47
cennad *e.g.* negesydd, rhyddid 3.17
cimin *a.* cymaint 14.11
claear *a.* braf, rhwng poeth ac oer 2.19, 4.25, 8.4
cleimian' *b.* hawliant 4.19

cleimiant *e.g.* hinsawdd, 'climate' 7.6
cleiriach *e.g.* henwr musgrell 11.23
clowch *b.* clywch 1.7, 9, 2.15
clybu *b.* clywodd 2.51
confforddi *b.* cysuro, bywiogi 4.8
costwm *e.g.* arfer, 'custom' 13.2
coweithas *a.* mwyn, cyfaddas 1.65
coweth *e.g.* cyfoeth 6.15, 8.10, **cywaeth** 12.31
cowled *e.b.* coflaid 11.22
cowrt *e.g.* synod 10.23
creadigrwydd *e.g.* cyflwr, gwneuthuriad 14.29
croesafu *b.* croesawu 5.8
croesefwch *b.* croesawch 4.3
cwaethogion *e.ll.* cyfoethogion 8.23
cweiried *b.* cyweiried, gosoded mewn tiwn 9.5
cwmpasedd *e.g.* cylch, ehangder o gwmpas 11.7

cydwaed *e.g.* person o'r un tras, câr 11.49

cyfannedd *a.* dymunol, parhaus, cyflawn 2.31, 39, 5.26

cyfddydd *e.g.* toriad y dydd, gwawr 1.36

cyfel *e.g.* cyfyl 5.17

cyfion *a.* cyfiawn 3.26, 4.38, 9.4, 13.14

cyfreidieth *e.b.* rhaid, angen 9.29n

cyfrodedd *a.* cydblethedig, rheolaidd 2.15

cylennig gw. **calennig**

cyn *ardd.* gan 3.66, **gyn** 3.15

cynel *e.g.* cenel, tŷ'r cŵn 7.32

cynnydd *b.* cynyddu, amlhau 4.74

cyrdeddant *b.* nyddant ynghyd 4.15

cyriau *e.ll.* cyrion, ymylon 11.30, **cyrre** 9.20

cywaeth gw. **coweth**

cyweirio *b.* peri cadw ymborth, pereiddio 13.20

chwaryddion *e.ll.* chwaraewyr 12.22

dadleuwr *e.g.* eiriolwr (am Grist) 1.22

daearen *e.b.* y ddaear, pridd 4.33, 5.2

daf *a.* da 5.8

dai *b.* dae, deuai 4.18

daionol *a.* daionus 2.3, 17

daueiriog *a.* twyllodrus 1.74

dehe *a.* deau, deheuig, celfydd 12.34

deiad *e.g.* deiet, dull o fyw 3.3

dewisedd *a.* dethol 4.69

dianach *a.* di-rwystr 2.23, 46, 59

dibrin *a.* toreithiog, helaeth 2.11, 4.21

dichlyn *a.* taclus, gwych, dyfal 3.2, 4.21

difalchach *a.* mwy gwylaidd, mwy gostynedig 10.21

difewyd *a.* egnïol, bywiog 6.21

digel *a.* amlwg 4.43

digonol *a.* helaeth, cefnog 5.15

diliwied *a.* diedliw, difai 7.3

diludded *a.* diflino, di-ben-draw 7.4

dilladog *a.* wedi ei ddilladu'n wych 3.57

dillie *e.ll.* plethiadau, crychau 3.21

diofalach *a.* mwy llon, mwy ysgafnfryd 14.27

diofalwch *e.g.* diogelwch, sicrwydd 10.29

disomgar *a.* tawel, sicr 9.50

diwan *a.* cryf, cadarn 10.3

donie *e.ll.* bendithion, anrhegion 2.9, 17, 56, 59, 5.8, 9, 8.15, 12.17, 33, 13.1, 14.3

downus *a.* bendithiol, hael 5.14

drudaniaeth *e.g.* prinder bwyd, newyn 9.12, 13.21

drysie *e.ll.* drysau 2.38, 13.30

durfin *a.* cadarn, dygn, parhaol 9.50

duwol *a.* duwiol 5.1

dyddio *b.* gwneud oed, cyfryngu, ?gwawrio 13.28

dyfnion *a.* annirnad, doeth iawn 9.9

dygwyl *e.g.* dydd gŵyl 4.20

egluredd *e.b.* disgleirdeb 4.28

ehangdwr *e.g.* helaethrwydd, rhyddid 1.21

eiriach *b.* arbed, cynilo 8.28

embyd *a.* enbyd 2.51

enfog *a.* enwog 9.43

enioes *e.b.* einioes 6.27

erwyn *a.* ffyrnig, enbyd 9.33n

ewllys *e.b.* ewyllys, awydd 1.56

fel *gn.* wel 1.56, 2.9, 41, 3.9, 32, 67, 8.2, 9.57, 11.3

fo *gn. rhagferfol* 5.18

ffei *ebd.* rhag cywilydd, och 8.16

ffinio *b.* dirwyo, 'to fine' 8.23

ffrithoedd *e.ll.* gweunydd, rhosydd 3.7

ffrwytho *b.* dwyn ffrwyth, ffrwythloni 9.35, 11.4

galawnt *a.* cwrtais, bonheddig, hardd 1.30

gedy *b.* gadawa, caniatâ 7.8, 13.12

gerain *b.* cwyno 3.50n

glwth *e.g.* glythineb 3.33

gorchest *e.b.* camp, buddugoliaeth, ?dymuniad 14.1

gosod *b.* cyflwyno, anrhegu 8.12, *cf.* **ymosod**

gwaeniwn *e.g.* gwanwyn 1.5, 12.7

gwaenwyn *e.g.* gwanwyn 6.9, 8.3, 5, 10.13, 14.9

gwarant *e.b.* diogelwch 5.24

gweinied *ffurf luosog* yr *a.* gwan 1.23, 70 *cf.* **gwenied**

gwegi *e.g.* oferedd 2.48

gwenied *e.ll.* gweiniaid, tlodion 14.10

gwine *a.* gwinau, cochddu 12.7

gwiredd *a.* gwiraidd, dilys, diamau 2.32

gwirion *a.* pur, dibechod 7.20

gwiwlwydd *a.* llwyddiannus 6.19

gwnfyd *e.g.* gwynfyd 13.34

gwnion *a.* gwynion 11.14, 13.25

gẃredd *a.* gẃraidd, gwych 6.18

gwrthie *e.ll.* gwyrthiau 5.10

gwrthnysig *a.* ystyfnig, gwrthryfelgar 3.19

gwybodus *a.* hysbys 4.5

gŵyl *a.* gwylaidd, swil 1.82

gwyliant *e.g.* gŵyl flynyddol 3.61

gyn[1] gw. **cyn**

gyn[2] *ardd.* cyn 3.52

hael *e.g.* unigolyn hael 5.28

hap *e.b.* ffawd dda 7.13

heblaw *ardd.* yn ogystal â 9.48

hilio *b.* gorchuddio, addurno 1.17

himpie *e.ll.* egin, meibion 2.39n, **impie** 12.22

hwsmyn *e.ll.* amaethwyr 4.1

hylwydd *a.* llwyddiannus 1.46, 2.20, 7.13, 13.24

iaf *e.g.* iâ 11.14

iawnwedd *e.b.* tegwch 2.22

iawnwydd *e.ll.* cyff da, llinach dda 2.44

impie gw. **himpie**

llariedd *a.* mwyn, caredig 11.3

llawenfaith *a.* hapus a niferus 4.49

llei *cys.* lle y 14.4, 32

llithio *b.* bwydo 10.18, 13.31

llithrig *a.* diymdrech 12.14

llonydd *a.* heddychlon 8.1

llyfodreth *e.b.* hunanddisgyblaeth 13.21

llyniodd *b.* cronnodd, llenwodd â dŵr 9.19

llysiewyn *e.g.* llysieuyn 4.12

madws *e.g.* hen bryd 2.45

mael *e.b.* budd, lles, tâl 5.26

maeler *e.b.* budd, elw, gwobr 12.35

maeth *e.g.* math (*gyda grym ansoddeiriol*) 2.26

manwl *a.* diwyd, celfydd 4.13

marsiandaeth *e.b.* masnach 9.27

mawrfael *e.g.* gwobr fawr, tywysog grymus 2.56

'mendio gw. **ymendiwn**

metel *e.g.* anian, natur, ?dur 4.44n

mosiwn *e.g.* ystum, anogaeth 10.28

mynnod *e.ll.* geifr ifainc 1.18

mynud *e.b.* munud 7.2

myriallu *e.ll.* briallu 14.7

nerthe *e.ll.* nerthau, byddinoedd, grymoedd cosmig 3.35

newyddion *a.* newydd 10.10

node *e.ll.* arwyddion 7.16

ond *gn. gof.* onid 1.24, 2.22, 3.14, 18, 43, 11.27

parodol *a.* rhwydd, wrth law 1.44

pei *cys.* pe 13.31, 14.16

pen *cys.* pan 1.59, 64, 3.11, 6.12, 9.19, 11.46

peniaeth *e.g.* pennaeth, arweinydd 5.31

pensomgar *a.* penisel, llawn siom 4.23

piniwn *e.g.* cred 2.54

plaenede *e.ll.* planedau 8.13, 9.14

plygen *e.g.* gwawr, toriad y dydd 1.34

poed *b.* boed 2.57

preintio *b.* printio, argraffu 9.28n

pruddedd *a.* pruddaidd, trist 10.19

pwyntmanne *e.ll.* oedau, trefniannau i gyfarfod 7.27

pwysi *e.g.* tusw o flodau 6.8

pynt *e.ll.* pontydd 9.20

reiol *a.* bonheddig, brenhinol 2.4, 3.58

rifflio *b.* afradu 3.34

rhianedd *a.* rhianaidd, ifanc ei ffordd 5.25

rhos *e.ll.* rhosynnau 4.61

rhowiog *a.* cwrtais, hyfryd, llyfn, cryf 7.26, 9.44, 58n

rhwth *a.* agored, trachwantus 3.33

rhydid *e.g.* rhyddid 6.22

rhydrwm *a.* trwm iawn 3.29

safri *e.b.* planhigyn persawrus, 'savory' 1.30

sincian *b.* tincial 6.14

sirio *b.* sirioli 6.16

syber *a.* urddasol, hael 6.25, 7.28

synnwyr *e.g.* doethineb 6.32, 14.36

taerder *e.g.* gormod sêl, 14.18

tanne *e.ll.* tannau 3.32

tocyn *e.g.* arwydd 4.3

tolwyth *e.g.* tylwyth, teulu 14.31

tonnen *e.b.* wyneb daear, tywarchen 5.2n

toraith *e.g.* toreth, digonedd 12.31

tostur *e.g.* tosturi, trueni 3.43

traethod *e.g.* datganiad 3.63

trafel *e.b.* ymdrech lafurus, trafferth, siwrnai 3.50, 13.18

traffit *e.g.* traffig 3.55

trai *cys.* tra y 8.20

traws *a.* creulon, treisgar 7.30

treni *e.g.* trueni 9.32

trowsedd *e.g.* gormes, creulondeb 3.23

trowster *e.g.* drygioni, gorthrwm 5.30

trugaredde *e.ll.* mwy nag un trugaredd 12.15

trwmbluog *a.* llwythog, llesg 4.17

twymyn *a.* cynnes 4.4, 9.34

tymhoredd *a.* tymhorol, cyfleus 2.15, 31

tyrnas *e.b.* teyrnas 1.66, 71, 6.29, 12.2

tyrnasol *a.* teyrnasol 13.35

tyrnged *e.b.* tâl 14.13

urddoledd *e.b.* urddas 4.34

weithian *adf.* nawr 1.21, 61, 4.1

ymeilyd *b.* ymladd 2.52

ymendiwn *b.* gwellhawn, diwygiwn 13.21, **'mendio** 7.28, 11.35

ymfetio *b.* digio, hapchwarae, poenydio 3.45n

ymgynnig *b.* ei amlygu ei hun 3.13

ymosod *b.* trefnu 13.4, *cf.* **gosod**

yntho *ardd.* ynddo 5.18, 12.19, 14.31

ysbrydlon *a.* llawn nwyd, bywiog 11.3

ysgiliwyd *b.* bwriwyd o'r neilltu, gwrthodwyd 3.55

ysigfrain *e.ll.* brain sy'n briwo 3.41n

ysmoniaeth *e.b.* hwsmonaeth, llafur 12.32

YR HEN LYFRAU BACH

PECYN 1

1. Y Bardd Cocos
2. Daniel Owen : Dewis Blaenoriaid
3. Eben Fardd
4. Cerddi'r Bardd Cwsg

PECYN 2

5. Lloyd George
6. John Morris-Jones : Omar Khayyâm
7. Twm o'r Nant yn Cofio
8. Cerddi Goronwy Owen

PECYN 3

9. Cerddi Morgan Llwyd
10. Y Bugeilgerddi
11. Samuel Roberts : Cilhaul
12. Caneuon Mynyddog

£3 yr un, £10 am becyn o bedwar

PECYN 4

13. Emrys ap Iwan : Bully, Taffy a Paddy
14. Dafydd Ddu Eryri
15. Ceiriog : Alun Mabon a Cherddi Eraill
16. John Morris-Jones : Dwy Awdl a Rhai Caniadau

PECYN 5

17. Carolau Haf Huw Morys a'i Gyfoeswyr
18. Emynau Morgan Rhys
19. Cerddi Talhaiarn
20. Tri Hen Brydydd

£5 yr un, £15 am becyn o bedwar

Gan eich llyfrwerthwr neu gan dalennewydd.cymru

EIN CYFRES SAFONOL
CYFROLAU CENEDL

Yn awr ar gael yn y gyfres hon :

1. *Canu Twm o'r Nant.* £15.
2. *Twm o'r Nant : Dwy Anterliwt. Cyfoeth a Thlodi a Tri Chydymaith Dyn.* £15.
3. *William Williams : Prydnawngwaith y Cymry.* £10.
4. *Emrys ap Iwan : Breuddwyd Pabydd wrth ei Ewyllys.* £8.
5. *Beirniadaeth John Morris-Jones.* £15.
6. *Rhywbeth yn Trwblo.* £15.
7. *Dramâu W. J. Gruffydd : Beddau'r Proffwydi a Dyrchafiad Arall i Gymro.* £8.
8. *Eira Llynedd ac Ysgrifau Eraill gan W. J. Gruffydd.* £15.
9. *Llythyrau Goronwy Owen.* £15.
10. *Daniel Owen : Y Dreflan.* £15.
11. *Thomas Parry : Llywelyn Fawr a Lladd wrth yr Allor.* £10.
12. *Llythyr Gildas a Dinistr Prydain.* £15.
13. *Galw'n Ôl. Deuddeg Bardd o Ddechrau'r Ugeinfed Ganrif.* £15
14. *Elis y Cowper : Anterliwt y Ddau Gyfamod.* £15

'Golygiad newydd yw pob un, o destun a aeth yn brin drybeilig ac a ddylai fod ar astell lyfrau pawb diwylliedig. ... Dyma gyhoeddwr sy'n cyrraedd mannau lle nad aiff eraill.' – *Y Casglwr*.

'Dylai pob myfyriwr Cymraeg gwerth ei halen gael yr holl gyfrolau ar ei silff.' – *Gwales*.

'Mae'r llyfrgell a adeiladwn bob yn rhifyn fel hyn yn ffynhonnell bwysig i unrhyw un sydd yn ymddiddori yn hanes a llenyddiaeth Cymru.' – *Y Cymro*.

Gan eich llyfrwerthwr neu gan dalennewydd.cymru